たるまない小顔は頭皮からつくる

自分史上
最高の美が
手に入る!

番場三緒
Beauty Studio BILA 代表

現代書林

はじめに

本書を手に取って頂いた皆さんは「今よりもっと綺麗になりたい」「もっと顔を小さくしたい」など、美に対して高い意識をお持ちのことでしょう。さまざまなコスメや美容グッズ、エステサロンなどについてもおそらくとても詳しいのではないかと思います。

実際、私のサロンに足を運んで下さるお客様はモデルさん、女優さんをはじめ、美意識が高く、努力家の方がたくさんいらっしゃいます。そんな皆さんに「日頃どんな美容法を実践されていますか？」とお尋ねすると、多くの方が最新の美容液や美容家電を教えて下さいます。それらはもちろんどれも魅力的なのですが、私は皆さん自身が持っている「手」が持つ素晴らしさについても、もっと意識してもらえたらと願っています。

私は、どんな美容法よりも、「手」が持つパワーは負けないぐらい凄いものだと確信しています。目の周りと頬では皮膚の厚みが違いますが、そのようなことを繊細に感じ取れるのは、やはり機械よりも自分の「手」だと思います。日によって肌のコンディションは違いますが、それを感じ取って、微調整しながらケアするのに最適な道具はやはり皆さんご自身の「手」なのです。

私のサロンでおこなっている「顔頭筋ストレッチリフト®」は、この「手」という道具を最大限に活用しながら、いつまでもたるみのない、若々しい顔を維持するための独自メソッドです。このメソッドは顔のたるみや肌トラブルが顔周りだけでなく頭皮、頭筋も関わっているということに着目し、考案しました。頭皮の下には筋膜、筋肉があり、それらは顔の筋肉（表情筋）までつながっています。そのため、顔だけでなく、頭皮まで丸ごとケアすることで、今までにないワンランク上の効果が期待できるのです。本書では、皆さんがお家で簡単にできる「プチ顔頭筋ストレッチリフト」のご紹介をいたします。

「小顔も美肌も手でつくる」。このことを信じてぜひケアを続けて下さい。そして自分の顔を、もっともっと大好きになってもらえたら、これほど嬉しいことはありません。

２０２１年８月

番場　三緒

contents

STRETCH LIFT

CHAPTER 2

1日3分のセルフケア術「プチ顔頭筋ストレッチリフト」

STRETCH LIFT

CHAPTER 3

「顔頭筋ストレッチリフト」で自分史上最高の美を手に入れよう!

STRETCH LIFT
CHAPTER 4

老けない人の小顔習慣

STRETCH LIFT

PROLOGUE

こんなに変わる！「顔頭筋ストレッチリフト」のビフォー・アフター

CASE 01

目尻のたるみが解消され、リフトアップして若々しい立体小顔に！

長塚悠加さん

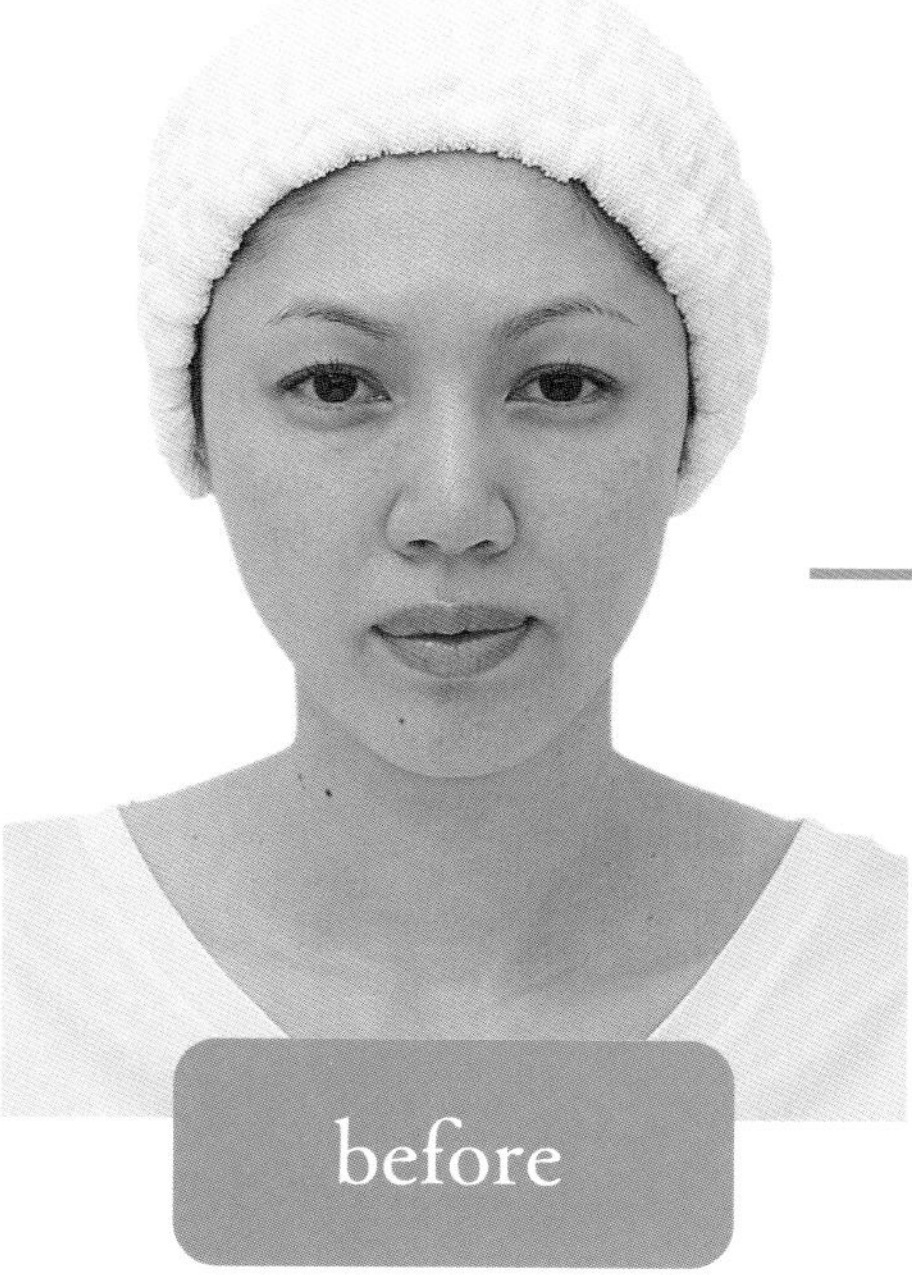

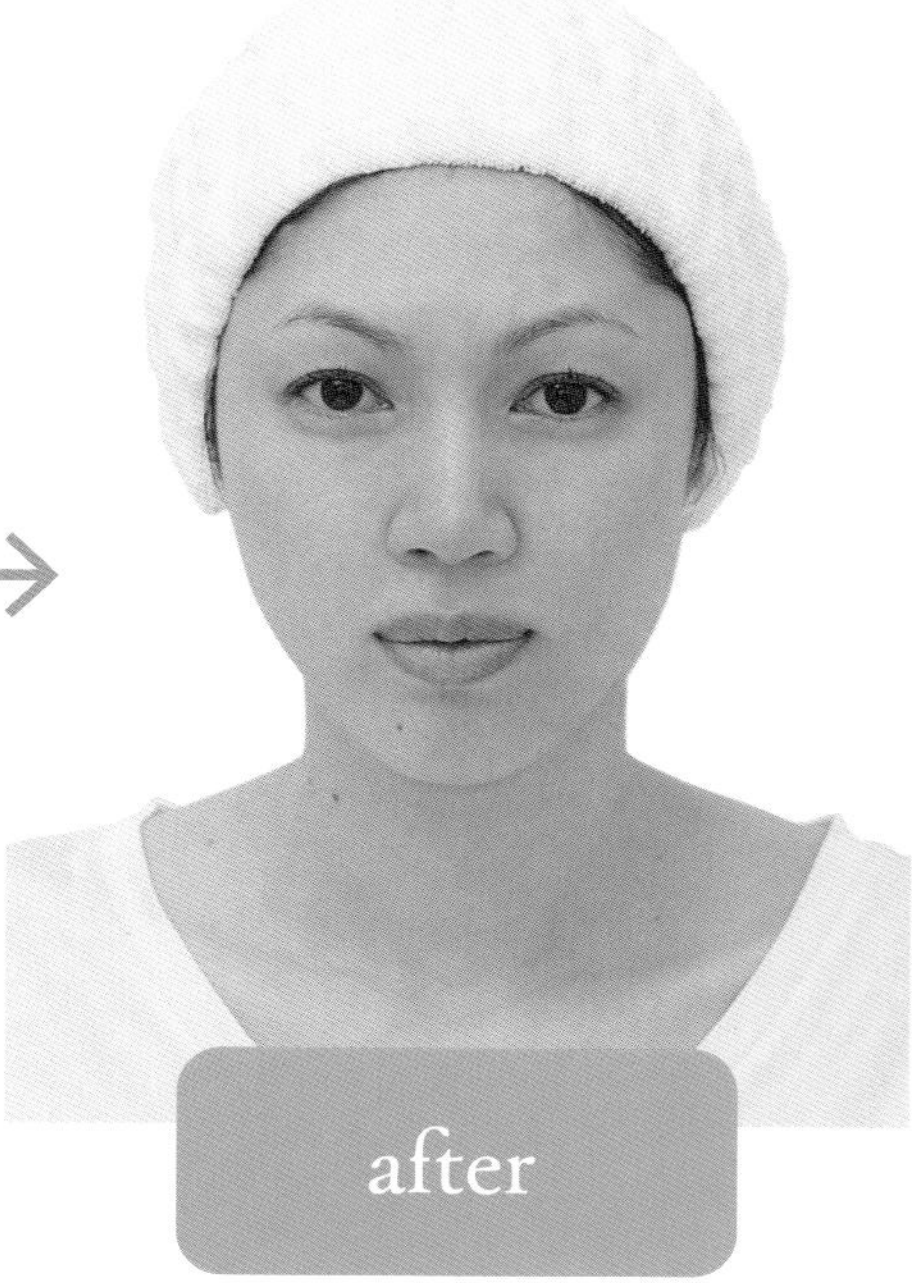

目尻が上がり、まぶたのたるみも取れて目元の印象が大きく改善。
肌の色もワントーン明るくなり、透明感と若々しさがアップ。

長塚さん感想

私は普段からプチ顔頭筋ストレッチリフトを実践していますが、やはり自己流になってしまうこともあるので、定期的に三緒さんに施術をお願いしています。こうして写真で見比べてみると、全体的に顔の印象が若くなったように感じます。たるみも改善され、肌も綺麗になって本当に嬉しいです！これからも若々しくいるために続けていきたいです。

施術を終えて

日頃からセルフケアも頑張って下さっているので、私も毎回、これ以上結果が出るのかしら？と思うのですが、施術が終わってみると、さらにリフトアップした素敵な笑顔に感動します。

長塚さんの美しさが埋もれてしまわないよう、これからもケアを続けていきましょうね。

CASE 02

ほうれい線が消えて二重もぱっちり！

山本ひろみさん

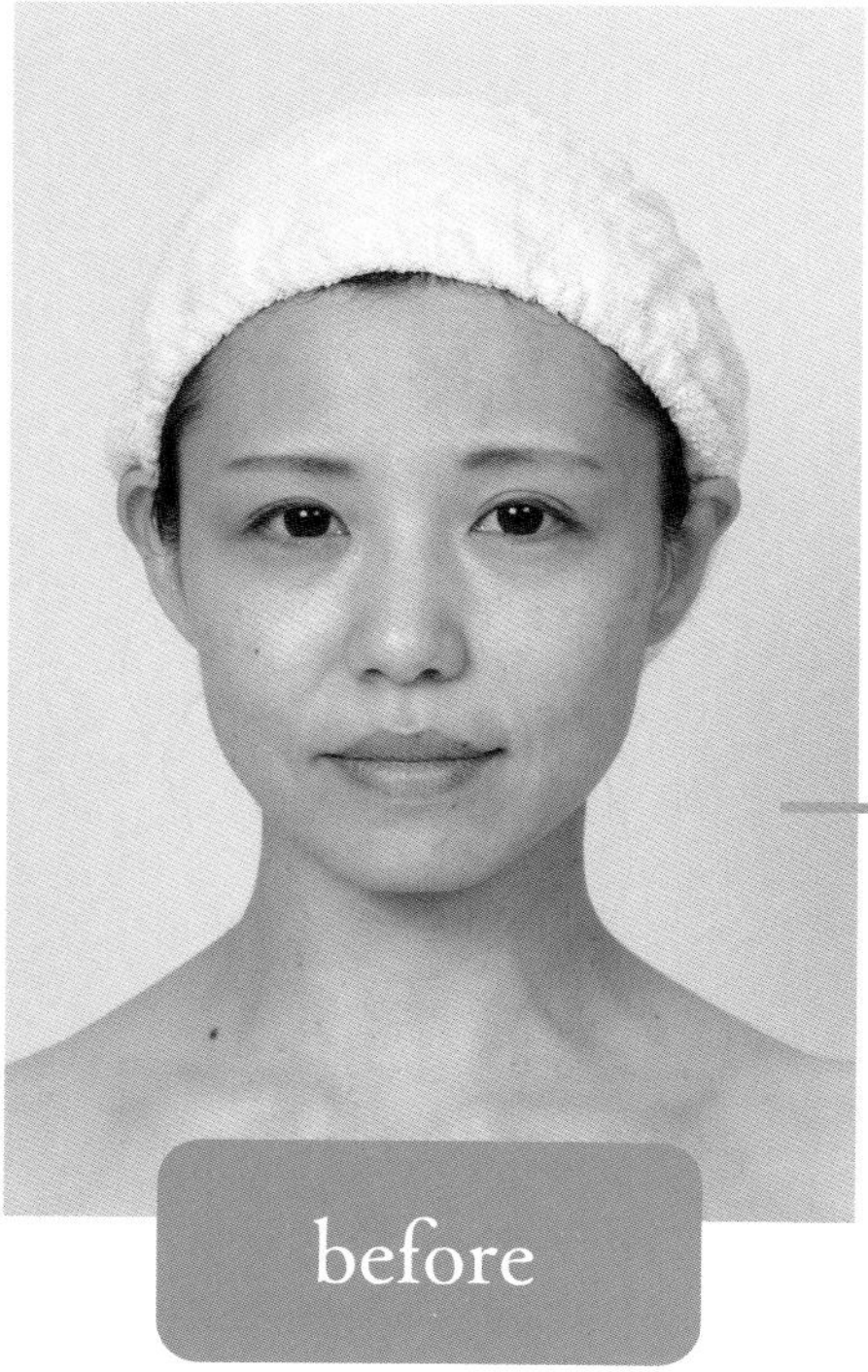

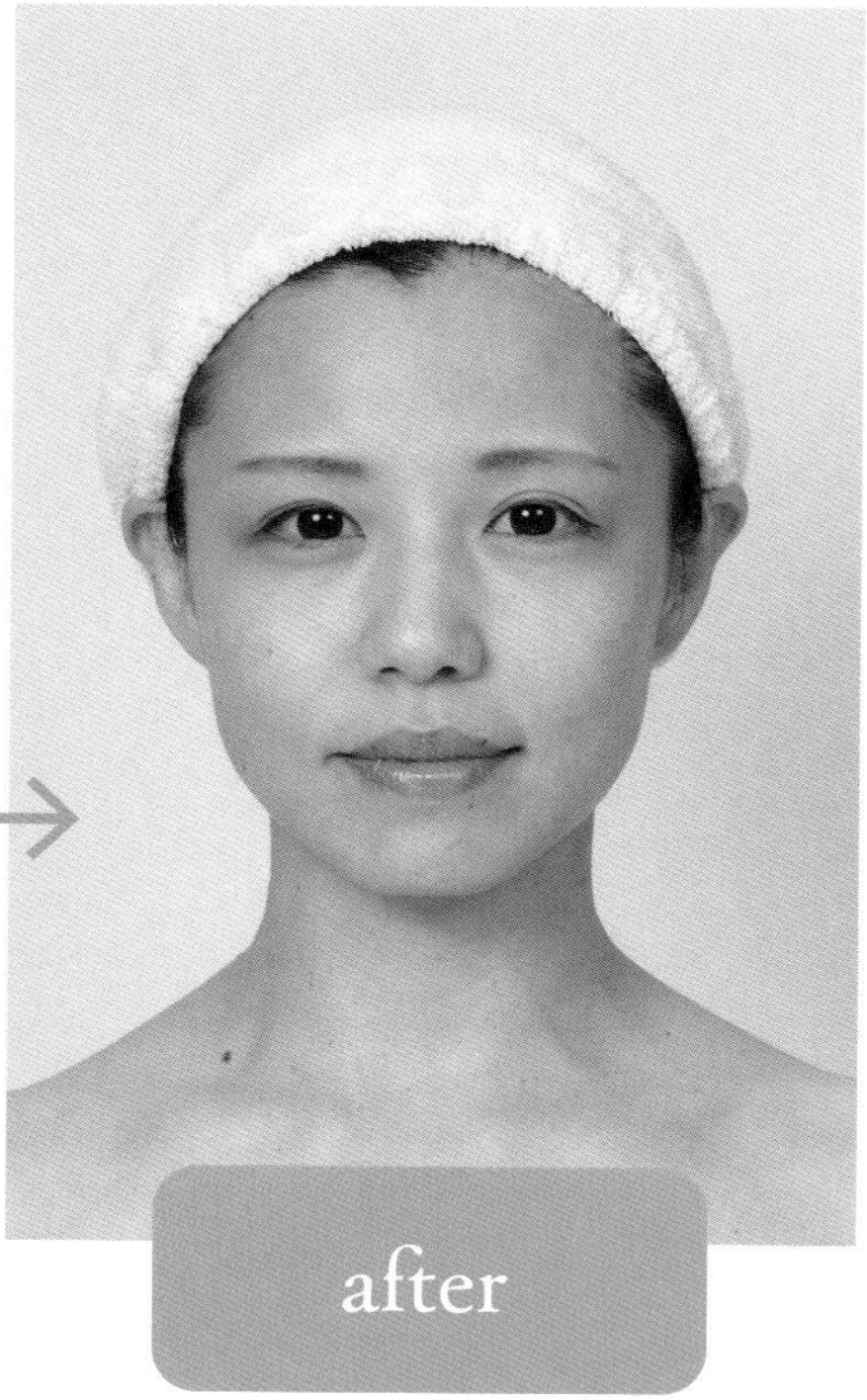

もともと小顔の山本さんですが、さらに小さくなって、ほうれい線が薄くなり、まぶたのたるみもすっきり改善。

山本さん感想

今まで受けたことがないような頭皮ケアで、とても心地良かったです。やや強めでほぐされているのに眠ってしまいそうになるほどリラックスできました。

目元の老化に自分では気づいていませんでしたが、施術後に鏡を見ると目がひと回り大きくなり、ほうれい線が目立たなくなっていたので驚きました。両手で自分の顔を包んでみても、あごや頬周りが小さくなっているのを感じました。

施術を終えて

日頃の疲れやストレスの影響かもしれませんが、咬筋と側頭筋がかなり硬くなっていました。それがエラ張りやほうれい線が入る原因になっていたので、その周辺の筋肉のこわばりを緩めていきました。

さらに前頭筋のこわばりも緩めることで、目の印象も変わりましたね。立体的な小顔を目指して、ケアを続けていきましょう。

CASE 03

頬のむくみがすっきりして念願の小顔に

山田恵梨子さん

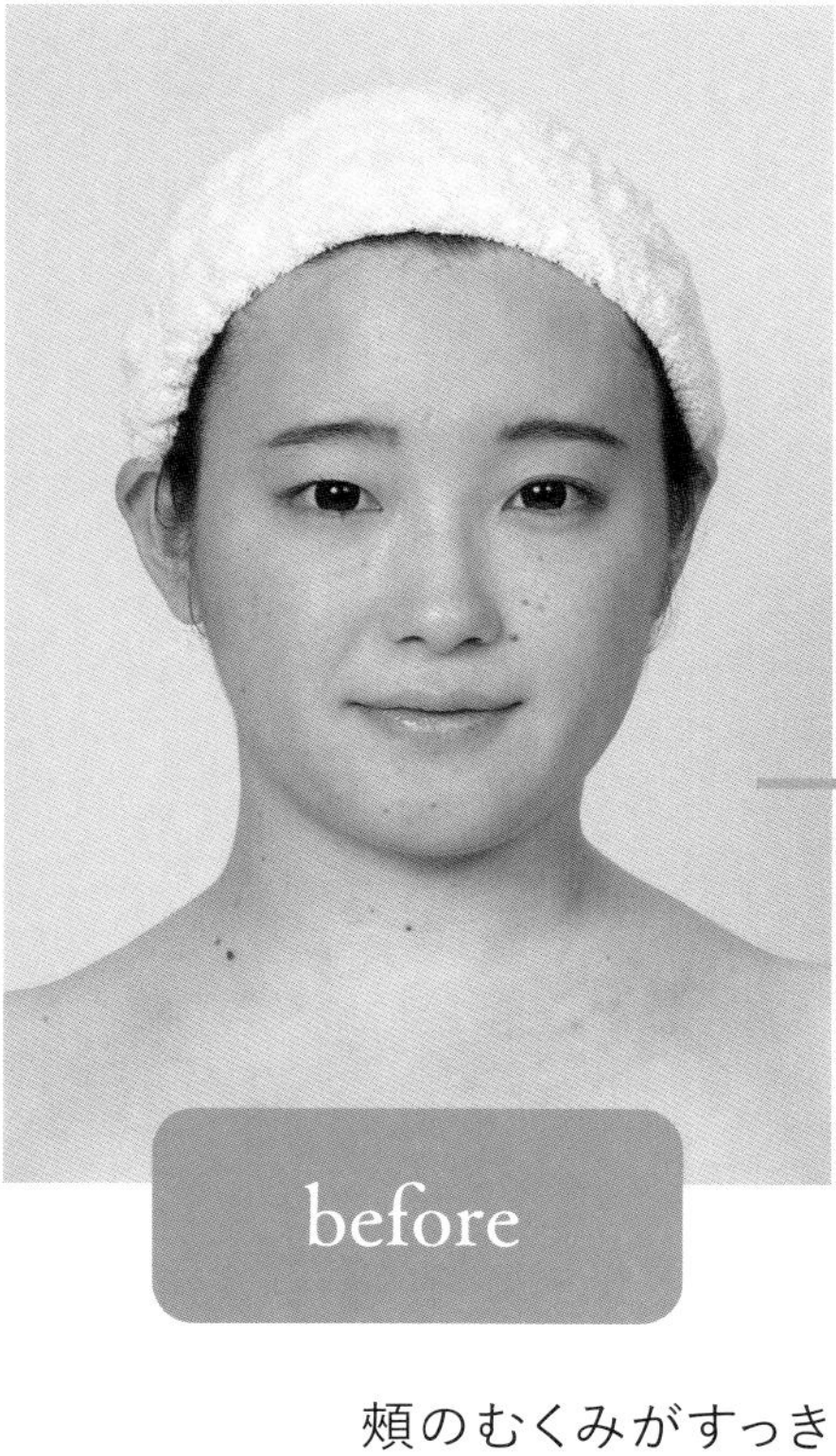

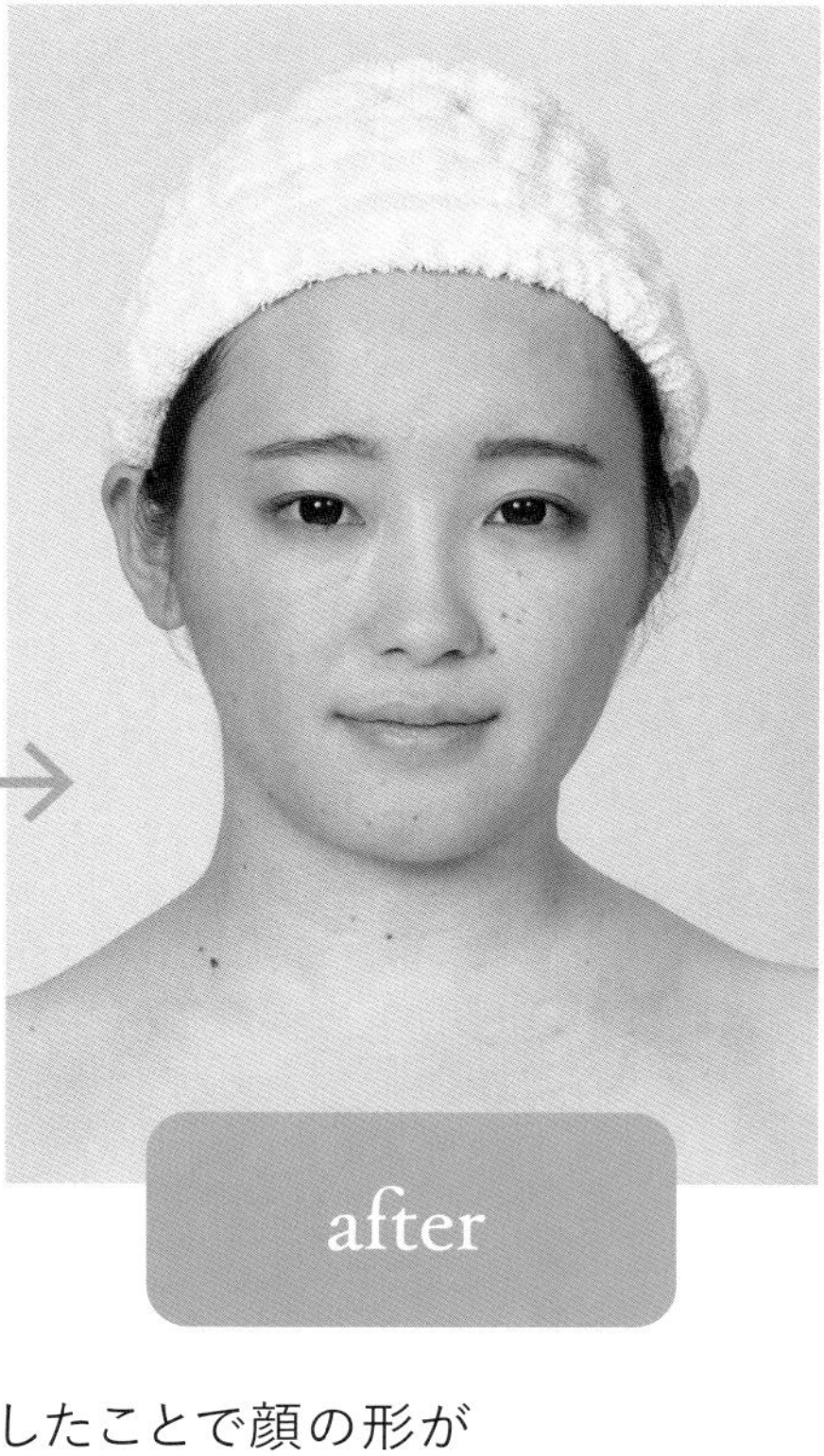

頬のむくみがすっきりしたことで顔の形が大きく変わった山田さん。あごも頬もひと回り小さくなって、念願の小顔に。

山田さん感想

首から肩にかけてのラインがだいぶ変わったと思います。肩こりがひどく、年々首が短くなっているような気がしてコンプレックスだったのですが、たった1回の施術でも変化を感じることができました。肩こりも楽になって、全身がポカポカしています。

頬の周りもすごくすっきりして、とても嬉しいです。

施術を終えて

首肩にかなりの疲労が溜まっていた山田さん。この部分がこっている人は多いと思いますが、それを放置すると顔のトラブルはなかなか解消できないどころか老化が進む原因になってしまいます。特に鎖骨から脇にかけてはリンパのゴミ箱のような部分なので、この滞りを流しておくことが、小顔をキープするためにも重要です。日頃からこまめに肩や首のストレッチも入れてみて下さいね。

CASE 04

顔全体のたるみ解消でマイナス5歳!?

門田直子さん

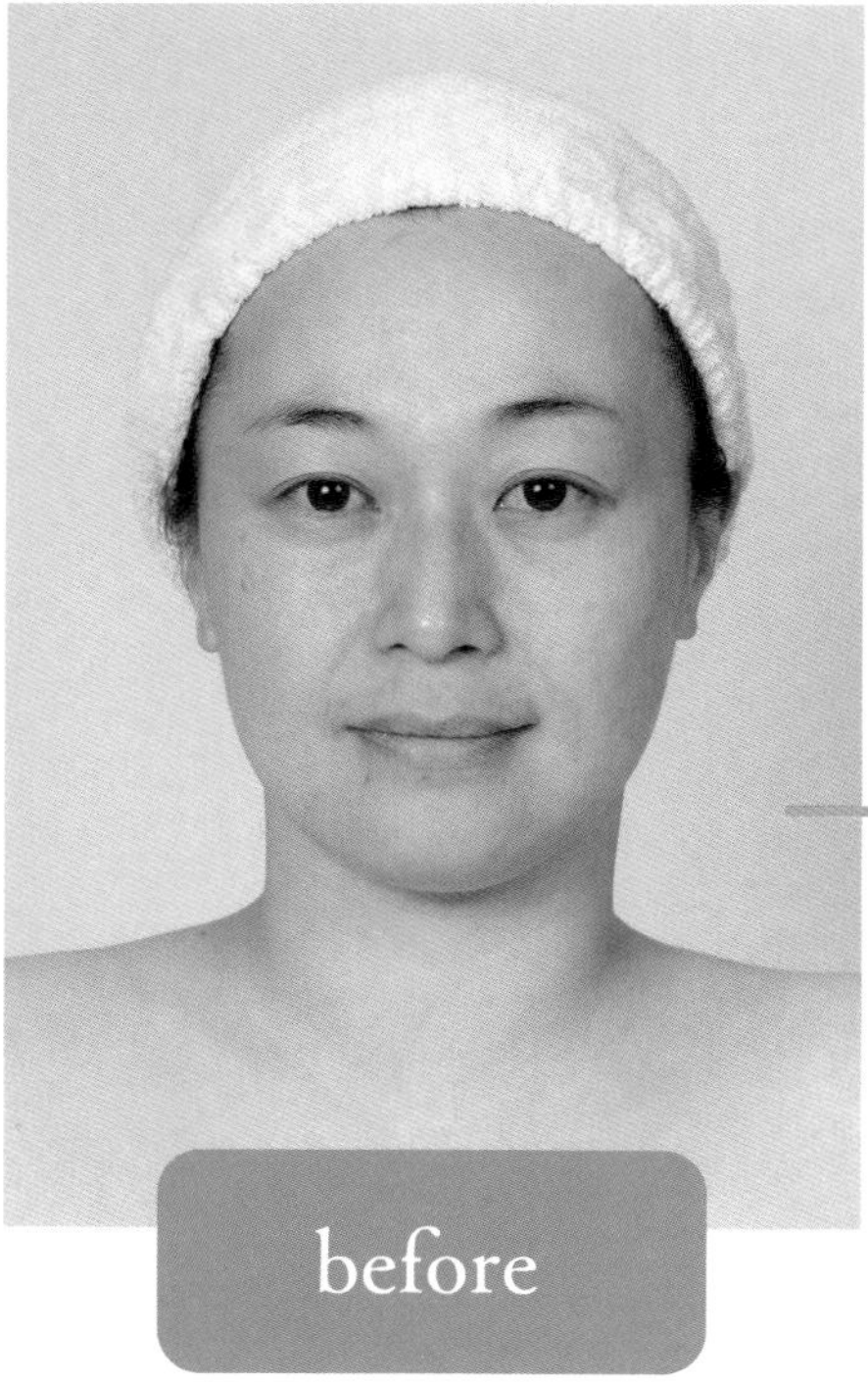

before

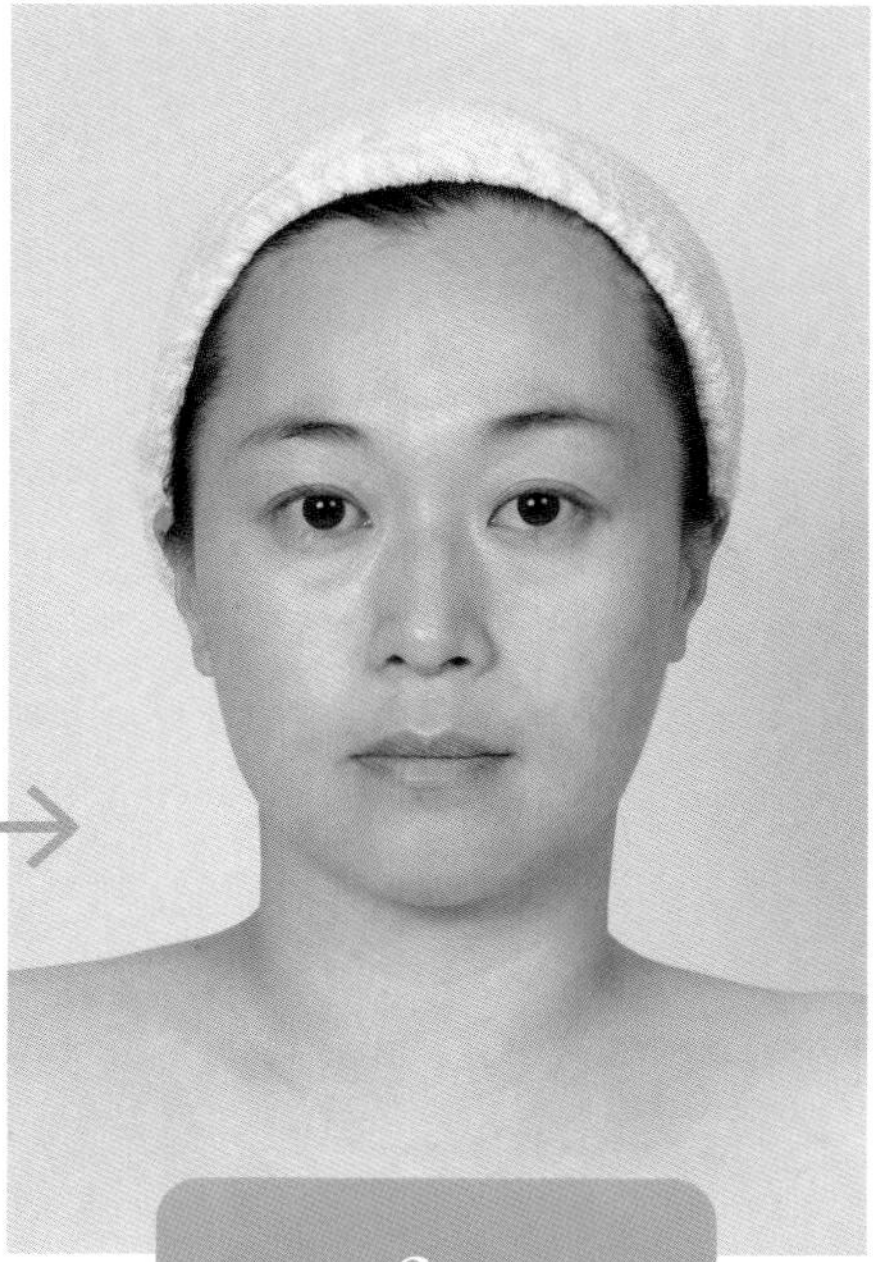

after

気になっていたほうれい線がほとんど目立たなくなり、目も大きくなって、若々しい印象に!

門田さん感想

毎日育児に追われていて髪の毛は一つ結びのワンパターン。そのせいか頭皮がこっていることは感じていましたが、施術をしてもらうと顔も頭皮も相当疲れが溜まっていたことに改めて気がつきました。

セルフケアではやったことがない、顔も頭皮も引き上がるような施術をしてもらい驚きました。呼吸が深くなり、姿勢も変わった気がします。顔が小さくなったのはもちろんですが、個人的には5歳くらい若返ったような感覚です。

施術を終えて

三人のお子さんを育児中ということで全身に疲労が蓄積していました。日頃どうしても前のめりになりがちなため、頭・首肩の筋肉のこわばりを緩めることで、顔だけでなく「上半身がすっきりした、呼吸が深くなった」と感じるのだと思います。

プチ顔頭筋ストレッチリフトと、時々はプロのケアを取り入れて頂けると、とても良いと思います。

CASE 05

肌がワントーン明るくなり、ほうれい線が消えて引き締まった！

石川映里さん

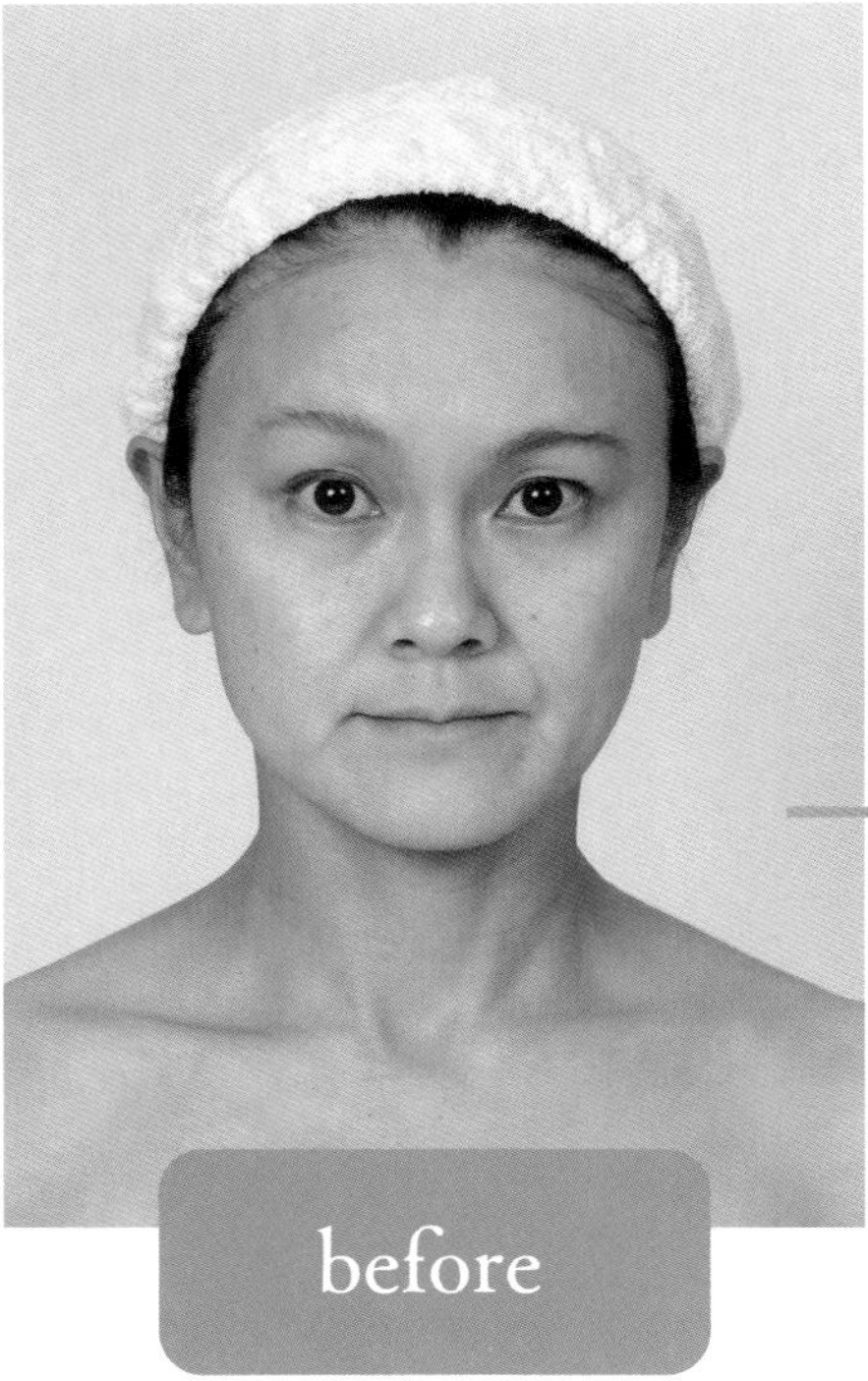

before

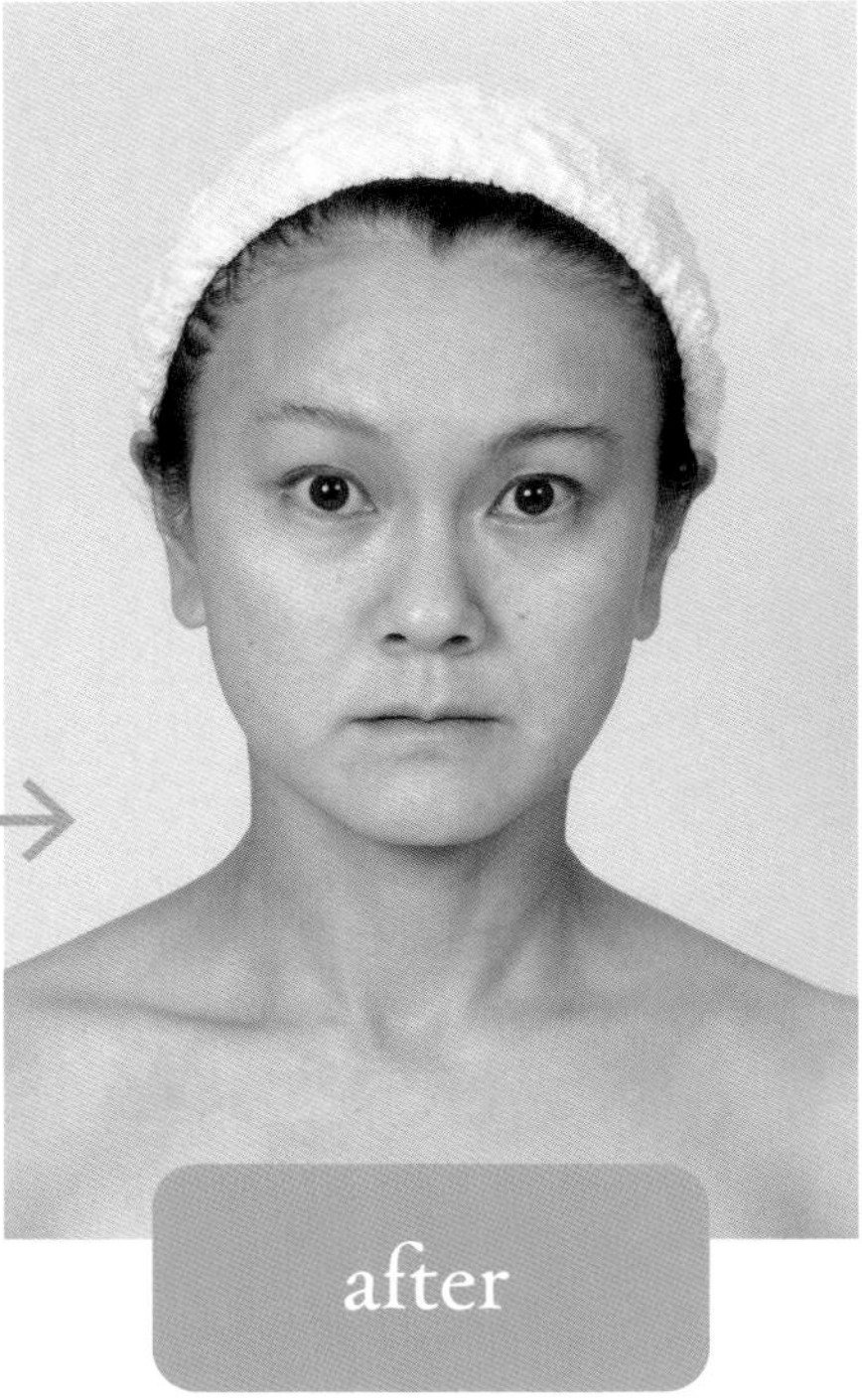

after

気になっていた肌のくすみが解消し、透明感がアップしました。全体的にリフトアップして若々しい印象に。

石川さん感想

自分でも、ちょっと高いクリームや美顔器を使ってケアをしていたのですが、顔頭筋ストレッチリフトは、何かを足すのではなく、いらないものを取り除くことやリセットすることで、私自身の本来の顔立ちや肌質の良い部分も引き出してくれるケアだと感じました。ほうれい線が薄くなり、目のサイズも整ってとっても嬉しいです。

これから普段の姿勢や体の使い方の癖も意識しながら、セルフケアを続けていきたいと思いました。

施術を終えて

高級なコスメの良さはもちろんありますが、顔頭筋ストレッチリフトは皆さんが持っている筋肉や肌を本来のベストコンディションに戻していくという技術です。石川さんも子育て中のママさんとのことで、どうしても日常生活で頑張りすぎたり、力が入りすぎる場面があるのだと思います。それが咬筋や首の筋肉に現れていたので、その部分の筋肉のこわばりを緩めることで、顔への血流が良くなり、くすみが改善され肌の透明感がアップしました。

STRETCH LIFT

CHAPTER 1

小顔のための頭皮ケア！「顔頭筋ストレッチリフト」とは

メスを使わないのに整形レベルの効果！「顔頭筋ストレッチリフト」とは

私の手でなければできないことを極めたい

私達セラピストは、施術でご満足頂くことはもちろん、内面からもお客様をサポートし、心からリラックスできる空間をご提供できるように日々努めております。お客様が求める結果を目に見える状態でお届けすることを自分達の最重要ミッションだと考えています。

そんな中で、美容に対する情報だけでなく技術は日々進化し続けており、これまでの常識が覆ったり、今まで不可能とされていたことが可能になったり、目まぐるしく変化しています。

最新情報の収集はもちろん欠かさずおこなっておりますが、その上で特に私が感じていることは「手」という道具の素晴らしさです。

皮膚の温度・脂肪の厚み・水分量・筋肉の状態などは、お客様一人ひとり異なります。そのような細いことまで十分に感じ取れるのは、やはり人の「手」であり、「手の持つパワー」でこそ、成し遂げられることがある、と感じています。

自分の手で感じ取るお客様の情報に合わせて、ベストな状態に持っていくための方法を瞬時に考え、施術の内容をお客様に必要な強さや長さに変えたりできるのは、手でしかできない仕事だと感じます。そしてそれがこの仕事の一番のやりがいであり、楽しさであり、私が最もこだわりを持って取り組んでいる部分です。

今までのフェイシャルトリートメントだけでは、お客様が求める最大限の結果を出すにはもの足りません。顔とのつながりを考え、頭皮も含めた一体型のケアをしなければならない。そう確信し「顔頭筋ストレッチリフト」を考案しました。

「顔」を変えるには頭からデコルテ部分まで

詳しくは後述しますが、皆さんご存知の通り、私達の皮膚は一枚の皮で全身つながっています。特に顔の皮膚は頭皮とダイレクトにつながっていますし、顔の筋肉と頭の筋肉は筋膜でつながっています。私は、この業界に入った当初から、顔の結果を出す上で、なぜ頭皮にアプローチしないのか、むしろ不思議に感じていました。

フェイシャルトリートメントではさまざまなお悩みにお応えしようとピンポイントでアプローチしていくことが多いと思います。例えばくすみであれば、それに効果が出る成分が配合されたパックをしたり、毛穴の黒ずみであればスチーマーや吸引機で毛穴の奥の汚れを取り除くといった内容も組み合わせます。

しかし、私達のサロンで提供している顔頭筋ストレッチリフトでは、顔だけのケアではなく顔につながる頭皮も含め、首や肩、デコルテまでを丸ごとケアすることで、多くの効果を体感して頂けます。

小顔・リフトアップ・むくみ解消・くすみ解消・美肌・顔の左右差解消・血行促進・リ

ラックス効果など、もちろん個人差はありますが、ほとんどのお客様がこれらを実感して頂いています。

今までのエステを超えたメソッドとされる理由

顔頭筋ストレッチリフトは、よく「今までのエステを超えたメソッド」とおっしゃって頂けるのですが、それは頭皮までアプローチするからだけでなく、今まで、一度に解消するのは難しいとされていたさまざまなお悩みを、同時に解決することができる独自メソッドだからだと感じています。最短で今までにない効果を感じて頂きたい。その想いで顔頭筋ストレッチリフトを日々提供しています。

「顔頭筋ストレッチリフト」で驚きの効果が出るメカニズム

本書では顔頭筋ストレッチリフトのセルフケアバージョンである、プチ顔頭筋ストレッチリフトをお伝えしていきますが、サロンではどのように施術し効果を出しているのか、その秘密を順番にご紹介していきます。

まずはじめに、それぞれのお客様ごとに異なる、お悩み・お疲れの箇所に合わせた施術をおこなうために、しっかりとカウンセリングさせて頂きます。そして顔の施術の前に頭皮からアプローチしていくのが顔頭筋ストレッチリフトの特徴です。顔の筋肉のこわばりを緩め、老廃物を流すには頭皮が柔らかい状態の方が望ましいからです。

● ステップ1【頭皮アプローチ　～前頭筋～】

眉の上から髪の生え際に向かって伸びているのが前頭筋です。前頭筋は考え事や心配事、ストレスが多い人がこりやすい部分です。

額のシワやまぶたの重み、加齢とともに目が小さくなってきた気がする……、というのは、前頭筋のこわばりが原因で、額からまぶたにかけて重苦しい感覚が表れるからです。

● ステップ2【頭皮アプローチ　～帽状腱膜～】

頭のてっぺんは筋肉がなく帽状腱膜という筋膜で覆われています。この部分はポンプの役割をする筋肉がないため、毛細血管の血流が滞りやすい場所です。

それぞれの頭の筋肉がこり固まることにより、帽状腱膜が引き伸ばされて薄くなり、硬く動きにくくなります。そして、さらに血流を悪くしてしまうのです。

● ステップ3【頭皮アプローチ　～側頭筋～】

こめかみあたりから耳の上、頭の側頭部に広がる大きな筋肉で、主に食事などにおいて咬筋とともに働く咀嚼筋です。スポーツをする人や、歯ぎしり、食いしばりの癖がある人、硬いものを好んで食べる人もこり固まってしまう部分です。ここを酷使すると、エラが張ってきて、顔が大きく見えてしまいます。

また、側頭筋は頬を支える小頬骨筋、大頬骨筋ともつながっているので、ほうれい線や頬のたるみにも関わってきます。

●ステップ4【頭皮アプローチ　〜後頭筋〜】

首の付け根より上の後頭部にある2つの筋肉です。この筋肉は帽状腱膜を後頭部で止めている役割の筋肉でもあり、また首や肩の筋肉ともつながっています。

特に、首こりや肩こり、眼精疲労がある人がこりやすい部分です。パソコン作業の合間には首や肩のストレッチを心がけましょう。

●ステップ5【首・肩・腕のストレッチ】

首や肩の筋肉がこると、それに引っ張られるように顔の筋肉や筋膜も引っ張られて、たるみの原因につながるため、ほぐして緩めていきます。また、顎下《がくか》リンパや鎖骨リンパの滞りは、顔のむくみを引き起こす原因になるので、丁寧に流します。

サロンでは60分のコースで頭皮のケアに約20分ほどの時間をかけます。長すぎず短すぎず、それぞれの筋肉や筋膜にアプローチすることで、効果を出すことができます。

●ステップ6【水素美容液パック】

医師監修のオリジナル水素美容液を使用したパックで、酸化ダメージを受けた肌をリセットし、透明感のある美肌へと仕上げます。

●ステップ7【顔アプローチ ～表情筋～】

お客様のほとんどが驚かれるのですが、顔の施術に入るこのタイミングでリクライニングベッドを90度に起こし、セラピストがベッドの後ろに回り込んで施術をおこないます。

多くのフェイシャルトリートメントでは、仰向けのまま施術をおこないますが、頭を起こした状態でおこなうことで顔の老廃物をより早く流すことができます。また、起き上がっ

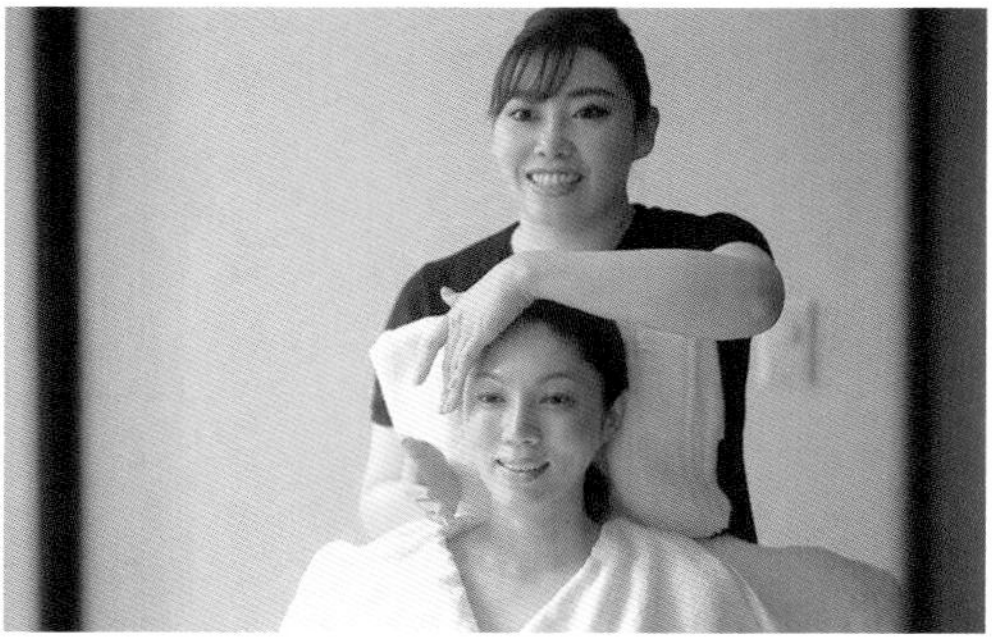

ていることで重力がかかり、本来の顔の状態を確認しながら施術をすることができます。
この状態で表情筋のこわばりを緩め、リフトアップした小顔へと変身させていきます。

●ステップ8【お仕上げ、アフターカウンセリング】
パラベンフリー、アルコールフリー、無香料・無着色のスキントリートメントローションにてお仕上げをし、その後、お客様の体質や肌の状態に合わせた今後のケア、お手入れのアドバイスをさせて頂きます。

頭の筋肉・顔の筋肉（表情筋）

皺眉筋《しゅうびきん》
側頭筋《そくとうきん》
眼輪筋《がんりんきん》
小頬骨筋《しょうきょうこつきん》
咬筋《こうきん》
口角《こうかく》下《か》制筋《せいきん》
前頭筋《ぜんとうきん》
鼻根筋《びこんきん》
口角挙筋《こうかくきょきん》
大頬骨筋《だいきょうこつきん》
口輪筋《こうりんきん》
オトガイ筋《きん》

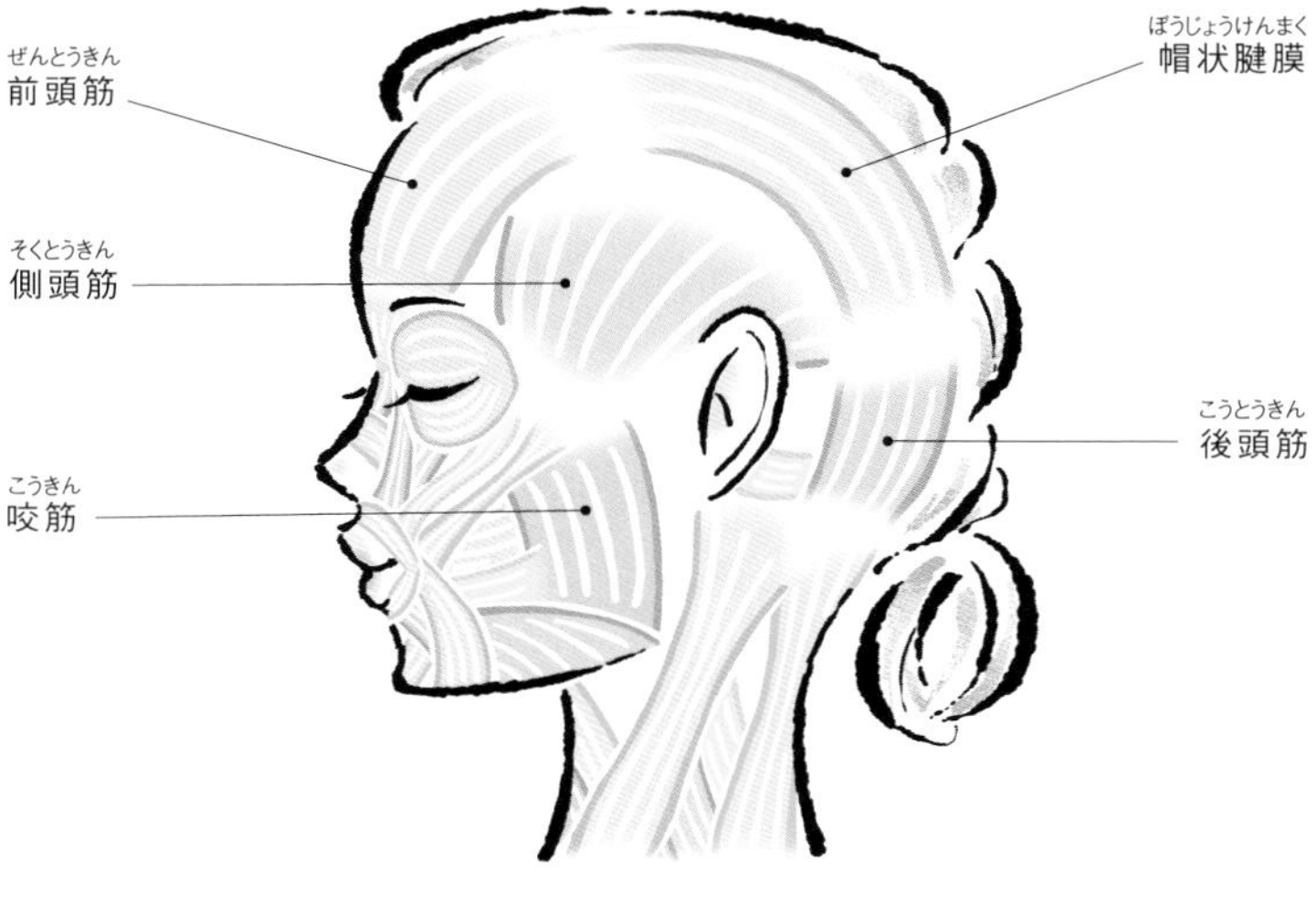
前頭筋《ぜんとうきん》
側頭筋《そくとうきん》
咬筋《こうきん》
帽状腱膜《ぼうじょうけんまく》
後頭筋《こうとうきん》

STRETCH LIFT

CHAPTER 2

1日3分のセルフケア術
「プチ顔頭筋ストレッチリフト」

毎日朝晩、1回3分！
すっきりリフトアップ！
お家でできる
「プチ顔頭筋ストレッチリフト」

工程を覚えるまではこのページを見ながら繰り返し実践しましょう。肌に合う市販のマッサージ用のジェルを使って、決して肌に摩擦や強すぎる刺激を与えないようにおこないます。各工程の詳しい実践方法については36ページ以降をご確認下さい。

1

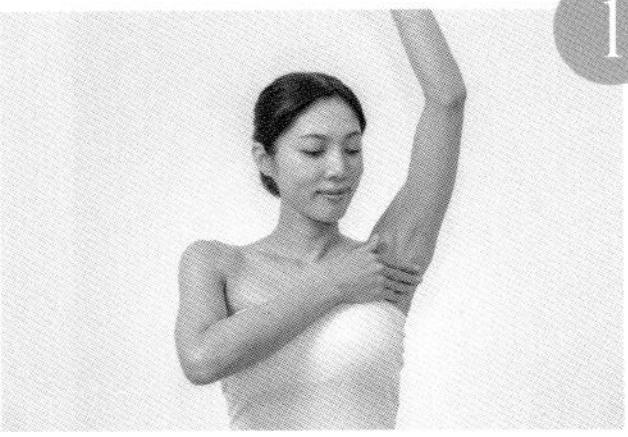

2

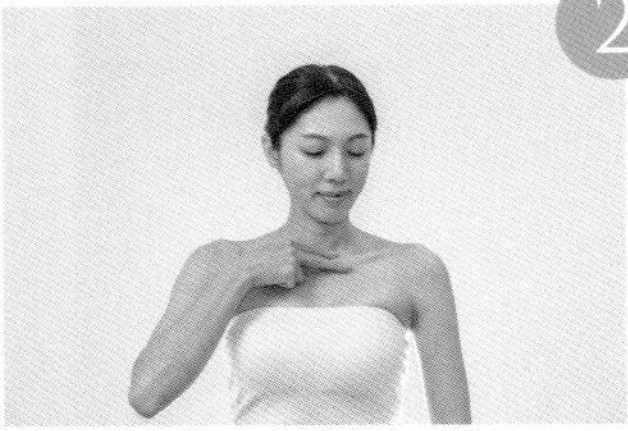

3

4

5

6

7

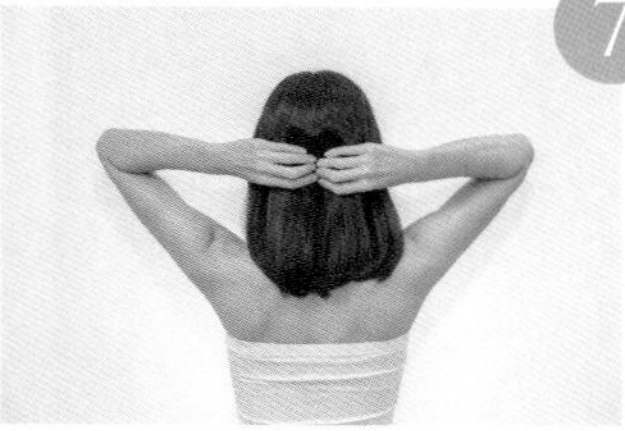

8

9

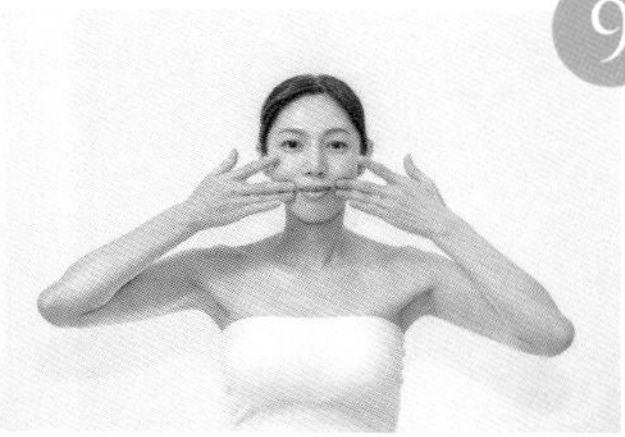

10

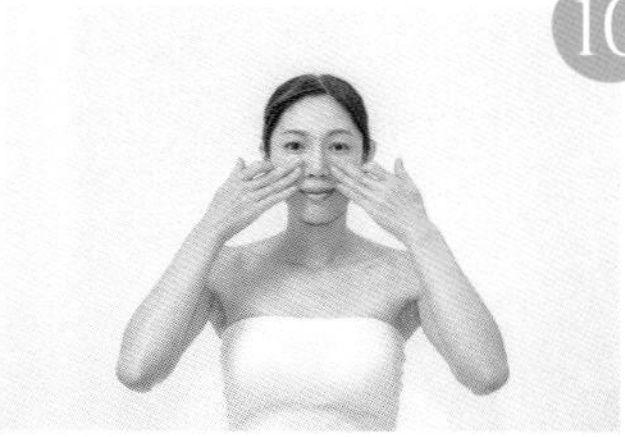

11

12

13

14

15

1　脇の下

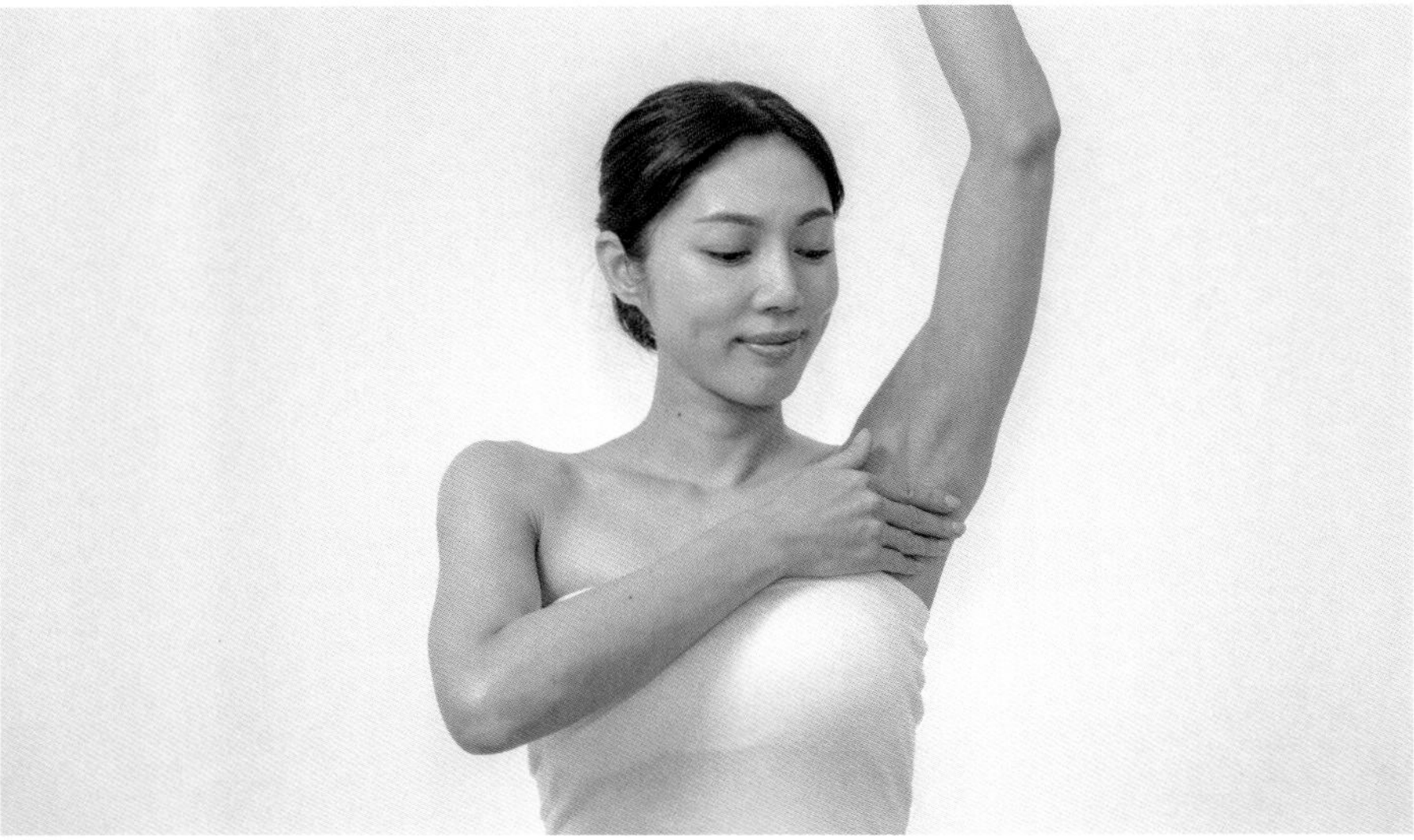

顔や頭皮をほぐす前に、脇の下のくぼみ「腋窩リンパ節」に手を入れてもみほぐします。左右とも3回おこないましょう。

老廃物はリンパ管に取り込まれ運ばれるため、はじめにこの部分の流れをスムーズにしておくことで、高い効果が期待できます。

ワンポイントアドバイス

脇の下が盛り上がっていたり、もんでこりを感じる場合は、リンパの流れが滞っているサイン！肩こりや二の腕の太さの原因にも！

2 鎖骨

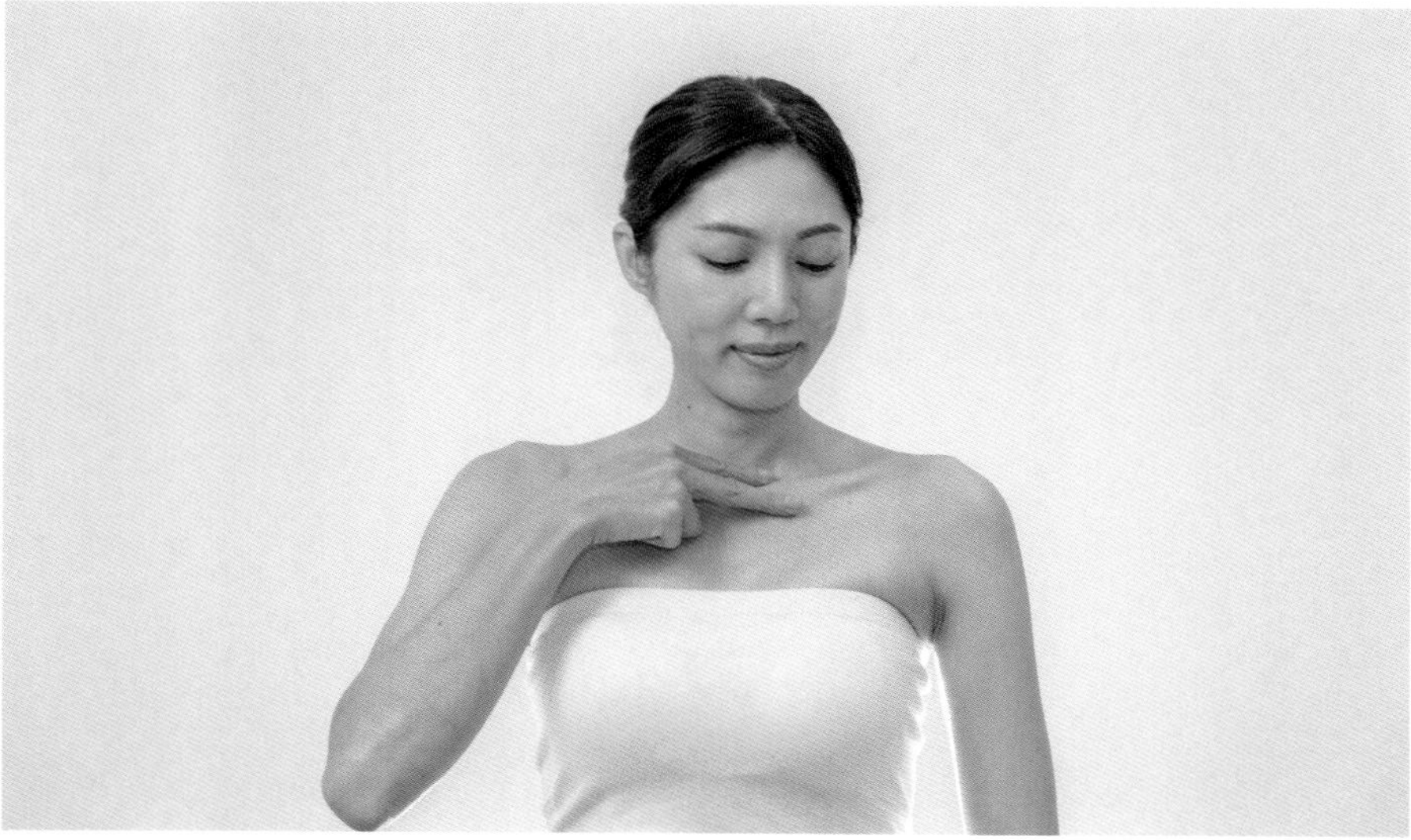

右手の人差し指と中指でチョキをつくり、左の鎖骨を挟んで、肩方向に向かって流します。左右とも3回おこないましょう。

鎖骨リンパ節が滞ると、鎖骨が埋もれてよく見えない状態になっていたり、優しく触れるだけでも痛みが出たりします。

この状態はむくみ、肌荒れ、くすみの原因にもつながります。

ワンポイントアドバイス

ジェルをたっぷり塗布し、優しい圧で指を滑らせるようにして流しましょう。

3 頭皮❶

両手でこぶしを握り、第一関節と第二関節の間の平らな面を耳上に置き、頭皮を後ろに向かって円を描くように3回押し回します。3セットおこないましょう。

耳の上、こめかみの横あたりの広いパーツが側頭筋です。ここは食いしばりや歯ぎしりをする癖がある人はこりやすい部分です。

手の広い面を使ってほぐすことで、適度な圧で、効率よくほぐすことができます。

ワンポイントアドバイス

第一関節と第二関節の間の平らな面で、地肌を動かすようにほぐすことを意識しましょう。

4 頭皮 ②

両手の指を開き、指の第一関節部分(指の腹)をしっかり地肌に当てます。

耳上から頭頂に向かって頭皮を目尻がつり上がるくらいの強さで滑らせながら引き上げます。3回おこないましょう。

ワンポイントアドバイス

髪の毛を引っ張らないように注意しましょう。指の腹で地肌をしっかりとらえることがポイントです。

5 頭皮 ③

両手の指で頭頂部の地肌をとらえ、左右に動かしながら、頭皮を揺らすようにほぐします。6回おこないましょう。

細かく揺らすことで、前頭筋、側頭筋、後頭筋をつないでいる帽状腱膜のこわばりを緩めていきましょう。

ワンポイントアドバイス

この部分は、筋肉ではなく帽状腱膜といって筋膜だけで覆われている部分です。その分血流が滞りやすいため、優しく揺らすようにほぐしましょう。

6 頭皮④

右手の指を頭越しに左の耳上に当て、手の平も頭にぺったりつけておきます。首をストレッチするようなイメージで頭をやや右に傾けたら、指先を引き上げるように滑らせ、目尻がつり上がった状態で3秒キープします。

手を入れ替えて右側の側頭筋も同様におこないます。左右とも3セットずつおこないましょう。前の3つのステップで頭皮の主要パーツがほぐれたところで、さらに側頭筋を引き上げるストレッチで、リフトアップ効果・小顔効果が高くなります。

7 頭皮⑤

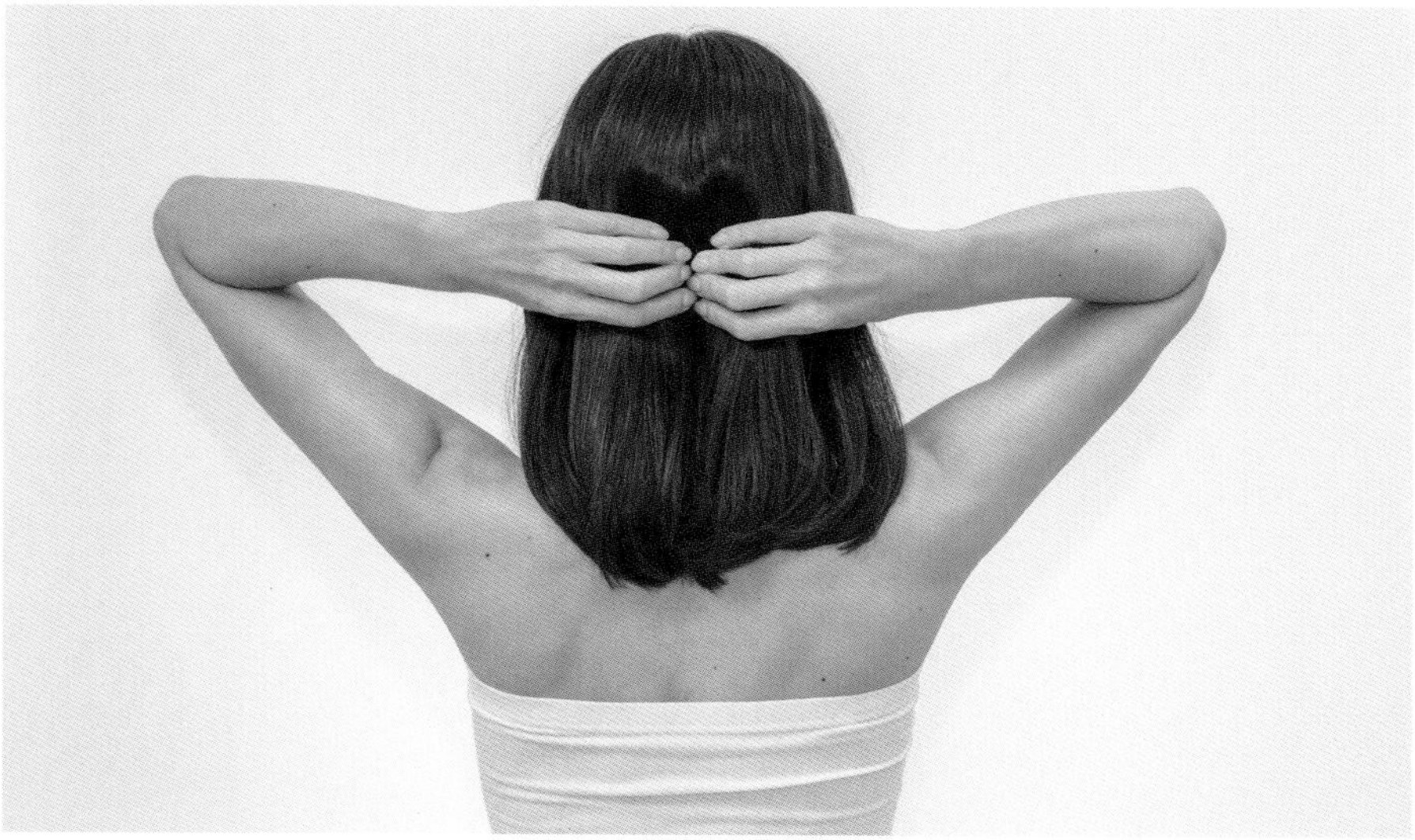

後頭部を指で触ると隆起している部分があります。そこに指の腹を当て、左右に揺らしながら、このエリアに広がる後頭筋を緩めていきます。6回を3セットおこないましょう。

写真では髪の毛の上から揺らしていますが、髪の間に指を入れ、指の腹を地肌に当てた状態でおこなっても良いです。

首や目の疲れをリセットしたいときにも効果的です。

ワンポイントアドバイス

首の力を抜いて、手に寄りかかるようなイメージでおこないましょう。

8　目の周り

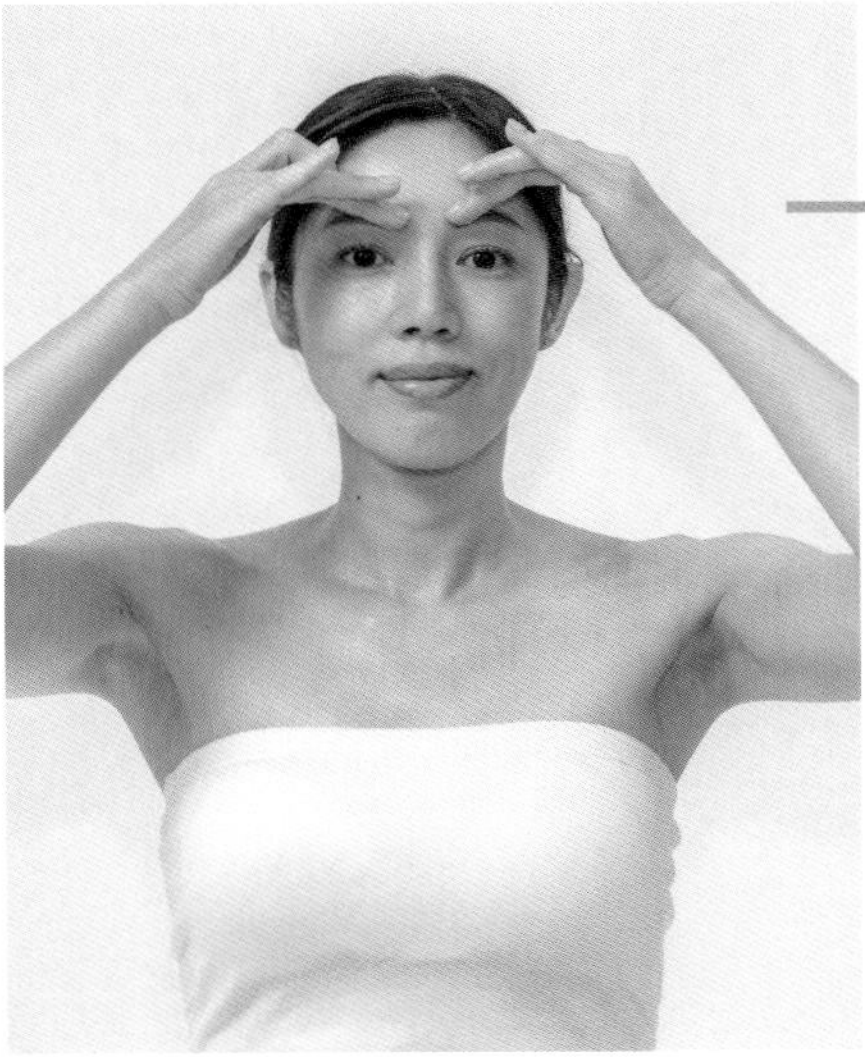

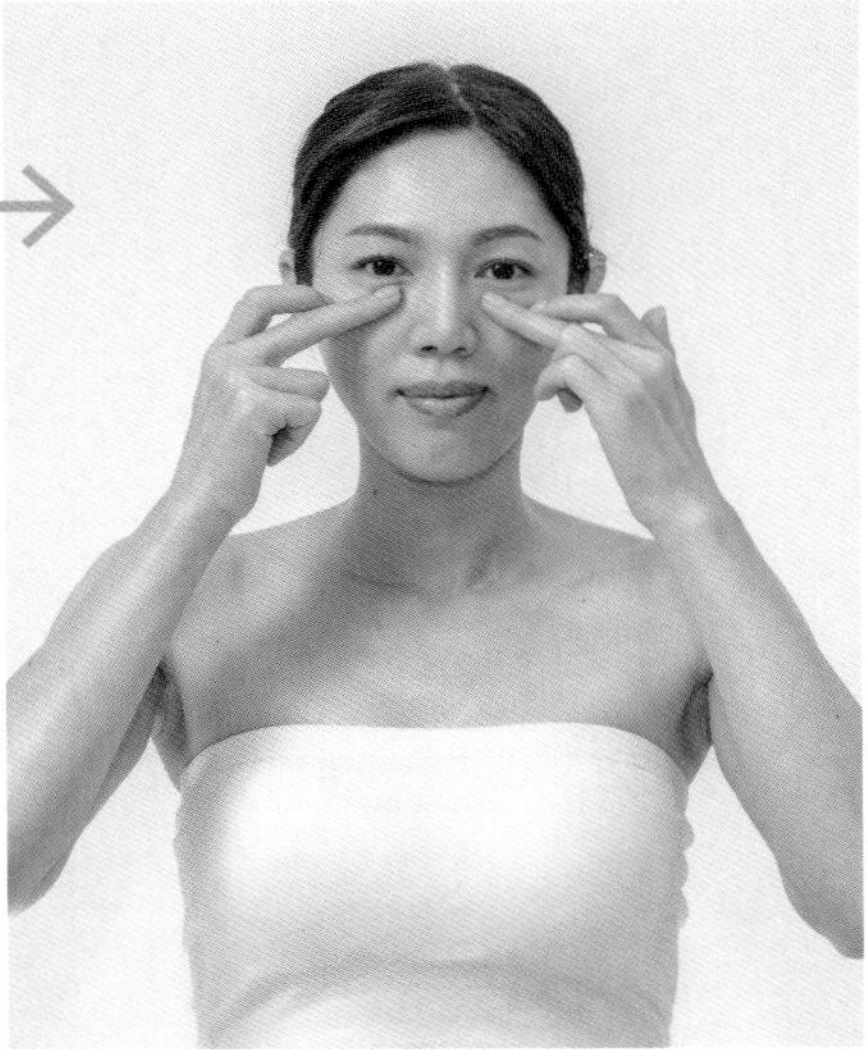

人差し指と中指の指先で眉を挟み、軽く持ち上げるようにして優しく圧をかけ、指先を眉尻にずらしながら、眼輪筋の上部を緩めます。こめかみまできたら、そのまま目の下を通り、目頭まで滑らせます。

3回おこないましょう。目の周りの血流が良くなり、むくみがすっきりします。

ワンポイントアドバイス

目の周りの皮膚はとても薄いので、刺激が強すぎると逆効果になることも！　ジェルを多めにつけて、優しくゆっくり。こすったりするのは厳禁！

9　口の周り

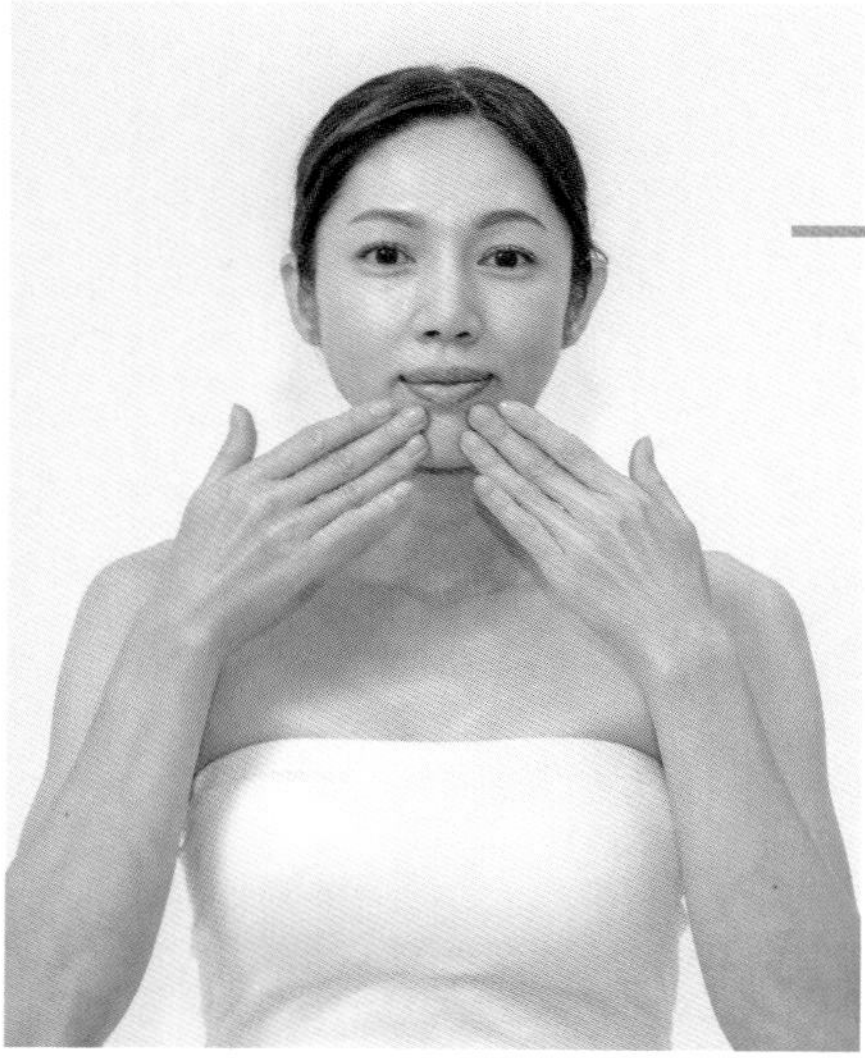

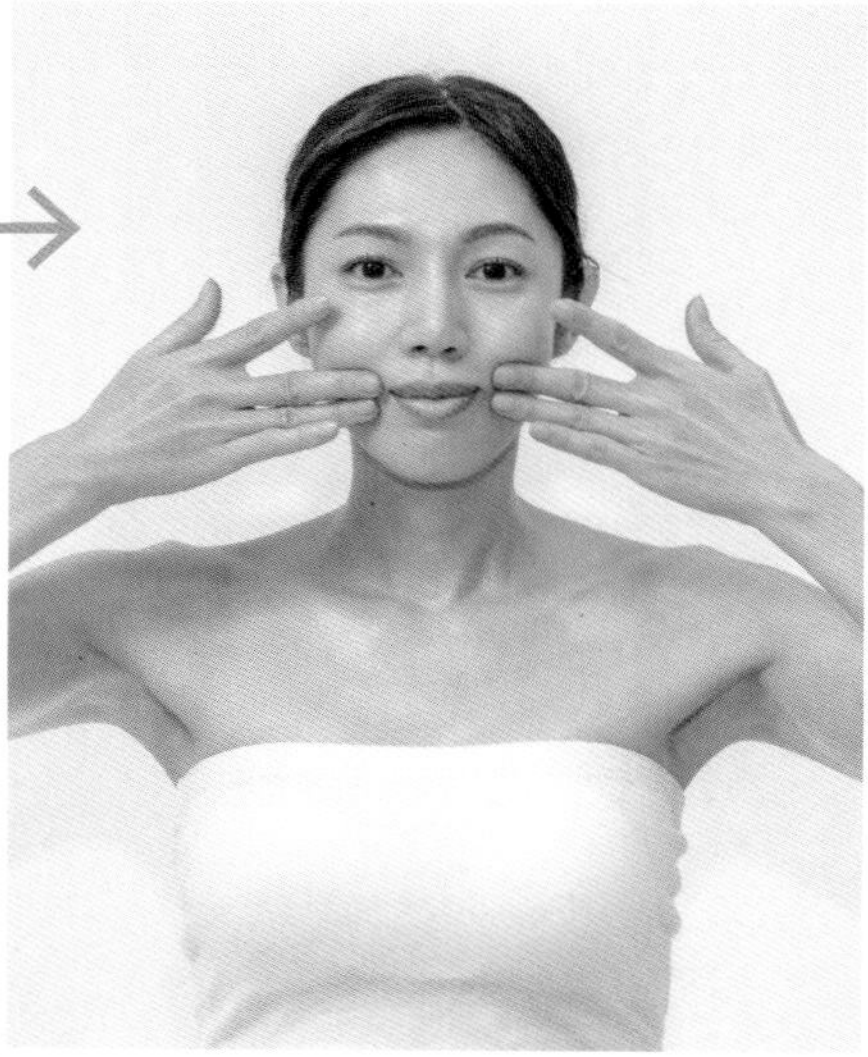

中指と薬指を口の下に置き、軽く押しながら指をずらし、口の周りを通って鼻下まで滑らせます。3回おこないましょう。
　このあたりには口輪筋と口角下制筋といった筋肉があり、特に口角下制筋が硬くなったり下方向に引っ張られすぎたりしてしまうと、マリオネットラインをつくる原因になってしまいます。唇の上側も口輪筋で、ここが衰えると、上唇に梅干しジワをつくる原因にもなってしまうので注意しましょう。

10　鼻横

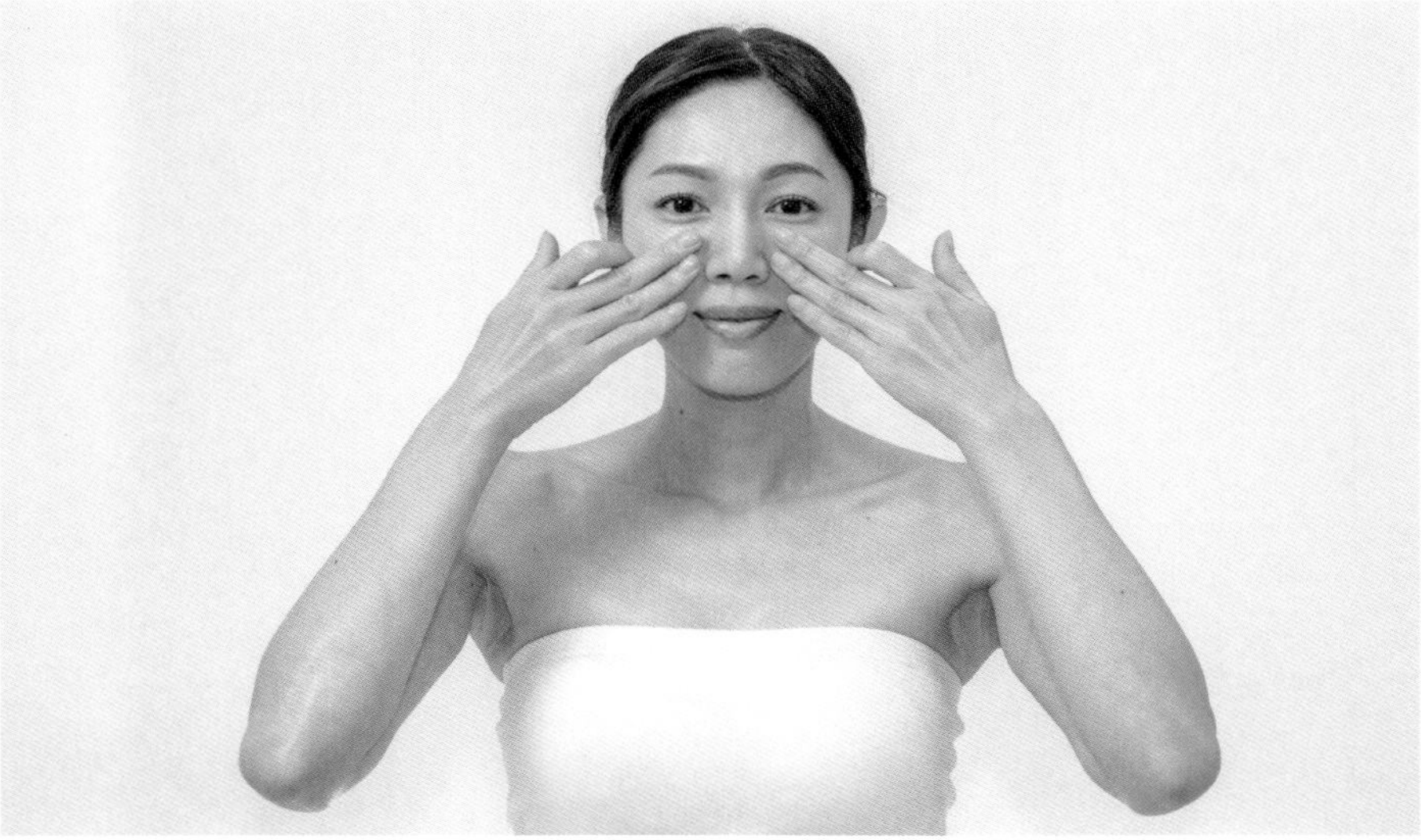

中指と薬指で鼻の横を押しながら左右に動かします。3秒を3セットおこないましょう。この小鼻の横の部分のむくみが取れることで、鼻筋が通って、彫りが深く見える効果や、中には鼻の通りが良くなる人もいます。

また、ほうれい線は小鼻の横からはじまっているので、ほうれい線の予防や解消にも効果的です。

ワンポイントアドバイス

爪を立てないよう注意！必ず指の腹を使うように意識して下さい。肘を張るようにするとやりやすいです。

11 頬

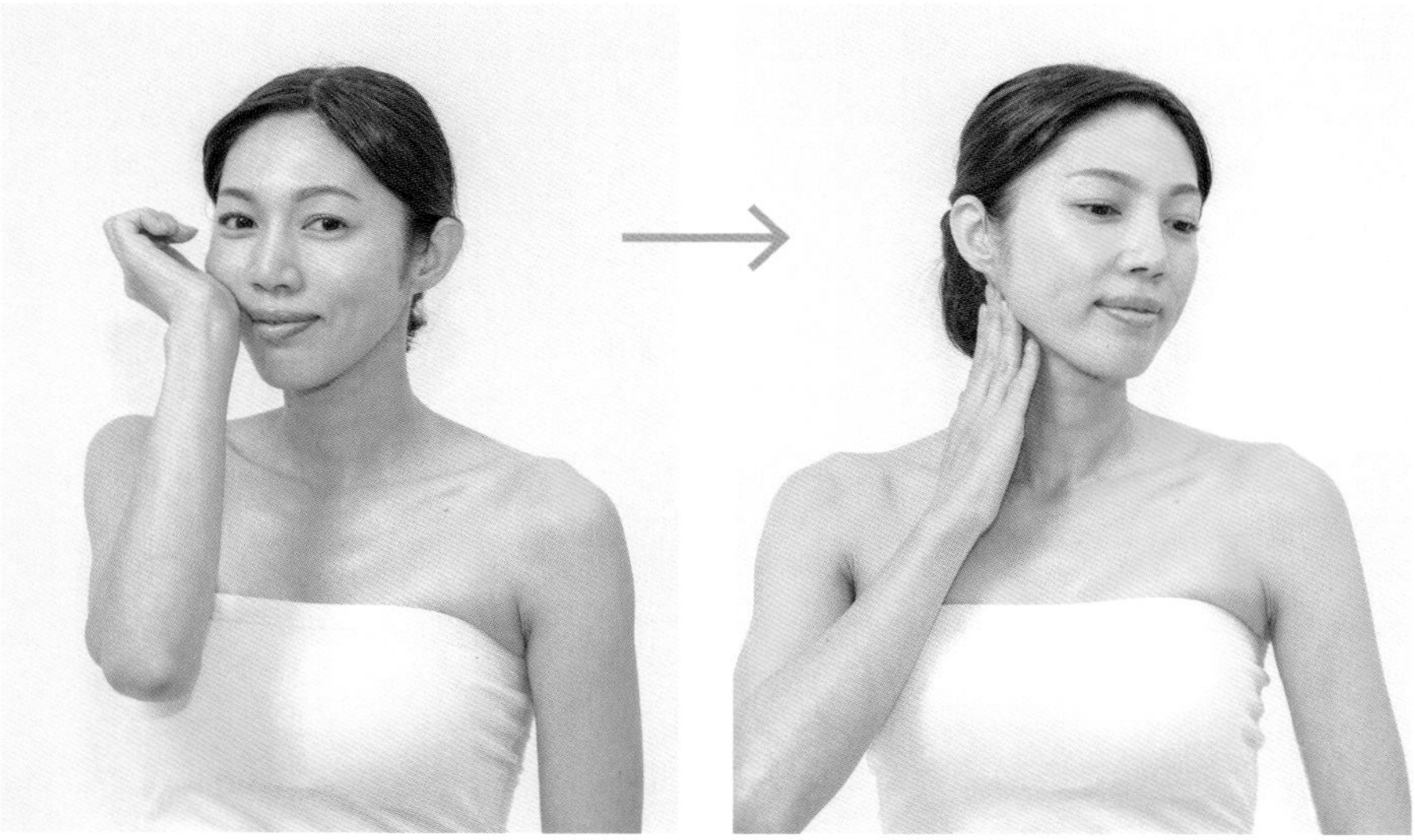

右手の親指の付け根のふくらんだ部分(手根)を右の頬骨下に置き、えぐるようにずらしながら耳前まで滑らせ、首筋を通って鎖骨まで流します。左右とも3回おこないましょう。

この部分は小頬骨筋、大頬骨筋があり、こり固まったりむくんだりすることで口元がたるんだ印象になります。

また頬だけでなく、頬から耳前、首筋、鎖骨までをしっかり流すことで、より効果が高まります。

ワンポイントアドバイス

机に肘をついた状態でおこなうと圧がかけやすいため、やりやすいです。

12 エラ

両手でこぶしを握り、第一関節と第二関節の間の平らな面でエラ部分を後ろに向かって円を描くように3回押し回します。3セットおこないましょう。

歯ぎしりや食いしばり癖がある人、硬いものをよく食べる人、我慢強い人、顎関節症の人は、エラ部分の咬筋という筋肉が使いすぎによって発達していたり、こわばることで輪郭が角ばってしまうため「エラ張り」に見えてしまいます。この工程で見た目もすっきり、口周りも楽になります。

ワンポイントアドバイス

口を軽く開いた状態でおこなうことで口周りの余計な力が抜けて、しっかりほぐすことができます。

13 あご

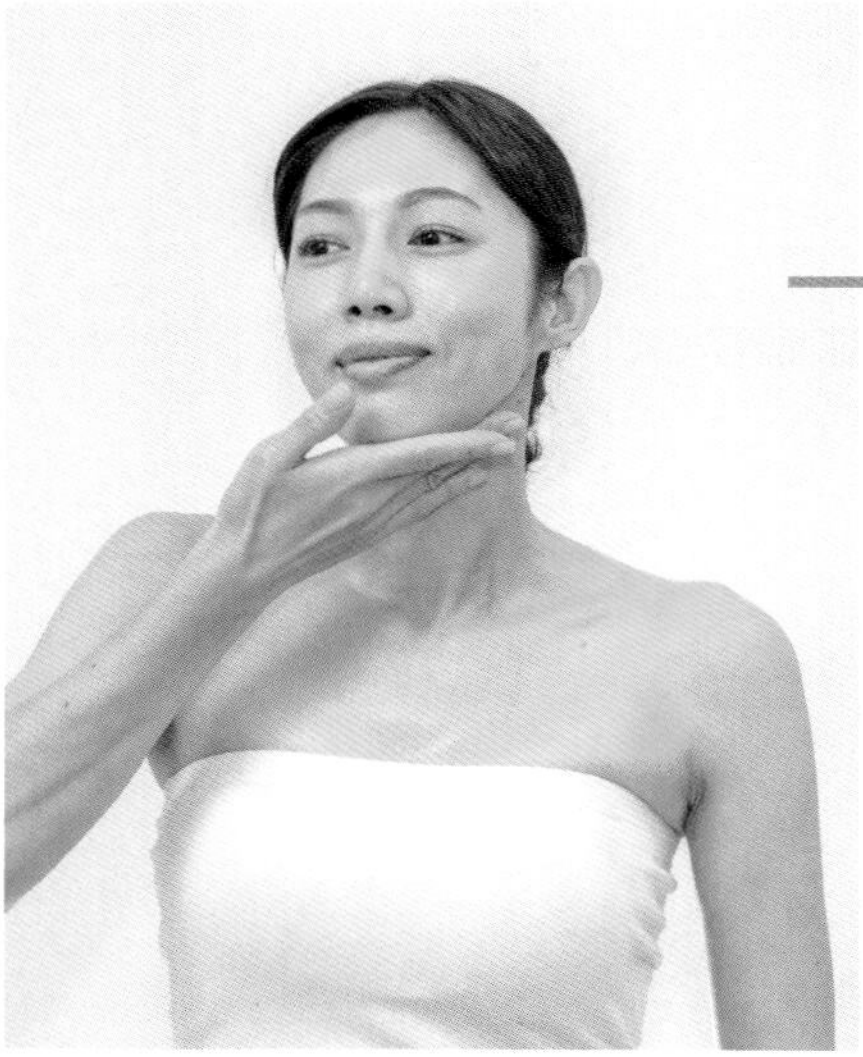

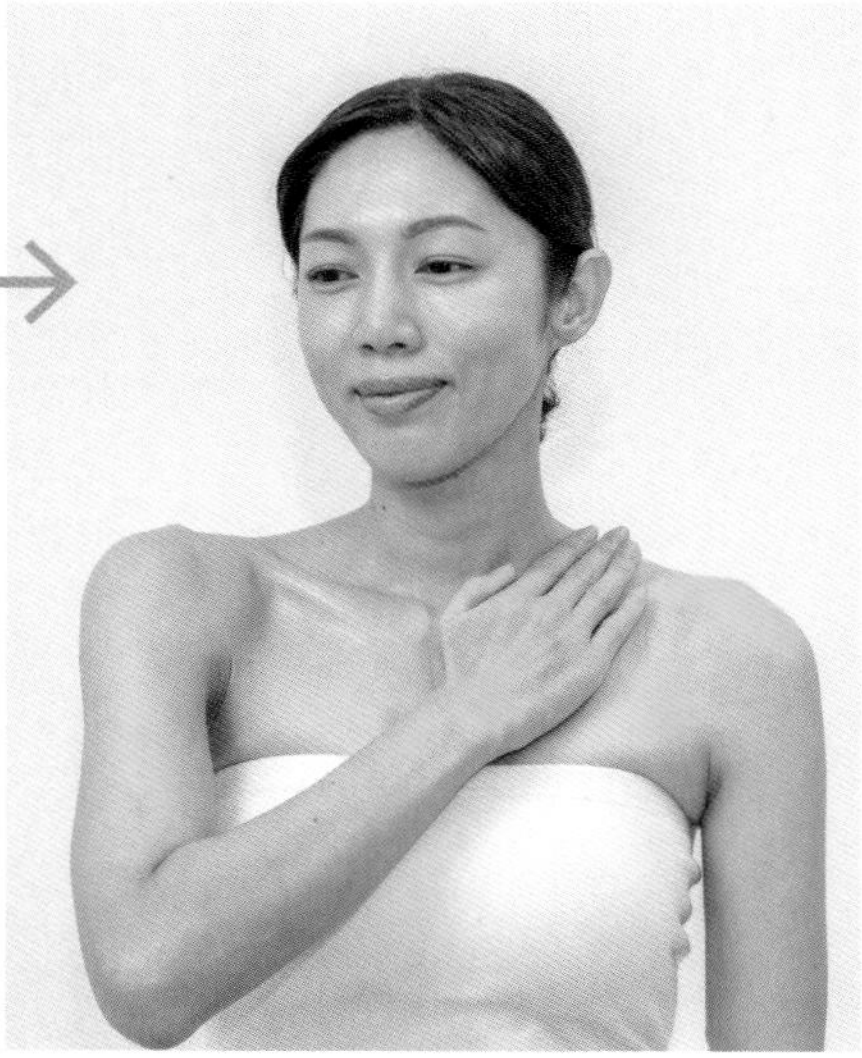

右手をあご下から左耳の下まで滑らせ、首筋を通って鎖骨まで流します。反対側は同様に左手でおこないます。左右とも3回おこないましょう。

特にあごの一番奥まったところは顎窩《がくか》リンパ節といって顔と首をつなぐリンパ管が集中しているポイントです。

ここが滞ると顔全体がむくみ、二重あごやたるみにつながります。肌のコンディションにも影響を与えるので要注意です。

ワンポイントアドバイス

右側を流すときは顔を左に、左側を流すときは顔を右に向けるとやりやすいです。

14 額

両手でこぶしを握り、第一関節と第二関節の間の平らな面を眉の上に置き、圧をかけながら髪の生え際に向かって目がつり上がるくらいの強さで引き上げます。3回おこないましょう。

額のシワの改善にはもちろん、目尻やまぶたが加齢とともに下がってきているという人も、ぱっちりとした印象の目元になります。

ワンポイントアドバイス

頭を壁にもたれておこなうと、首に負担がなく圧をかけることができます。

15 頬・首、仕上げ

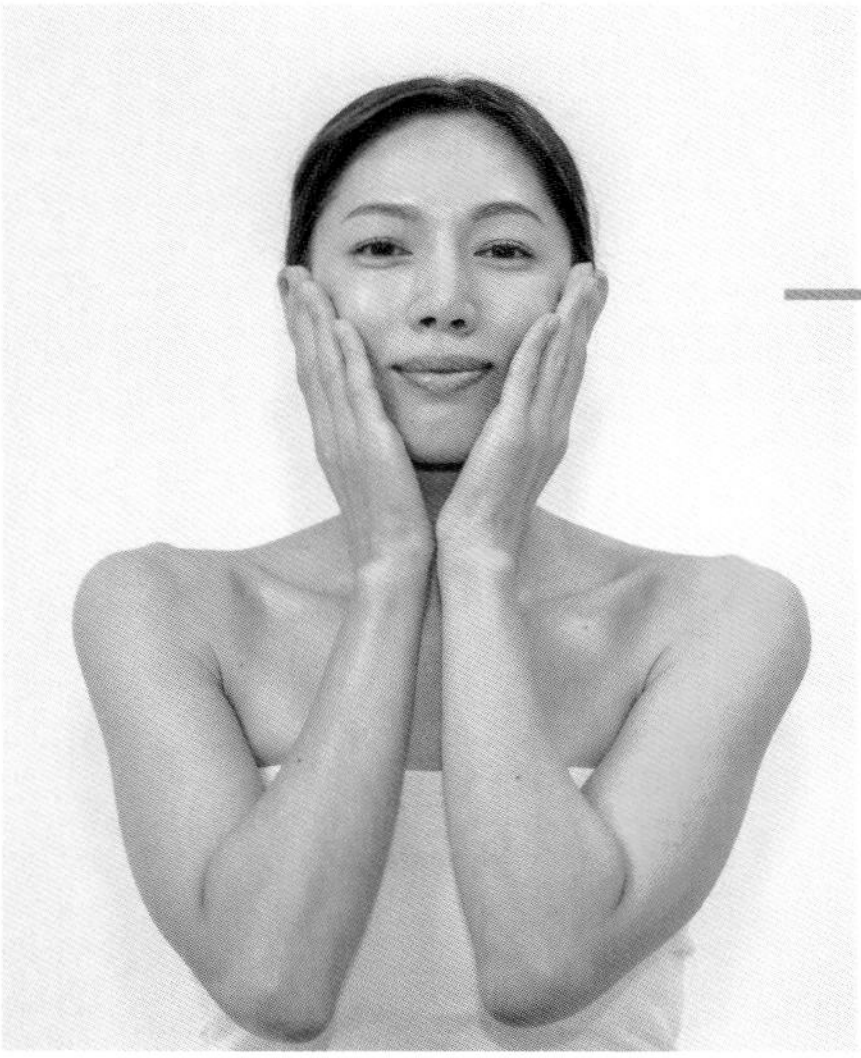

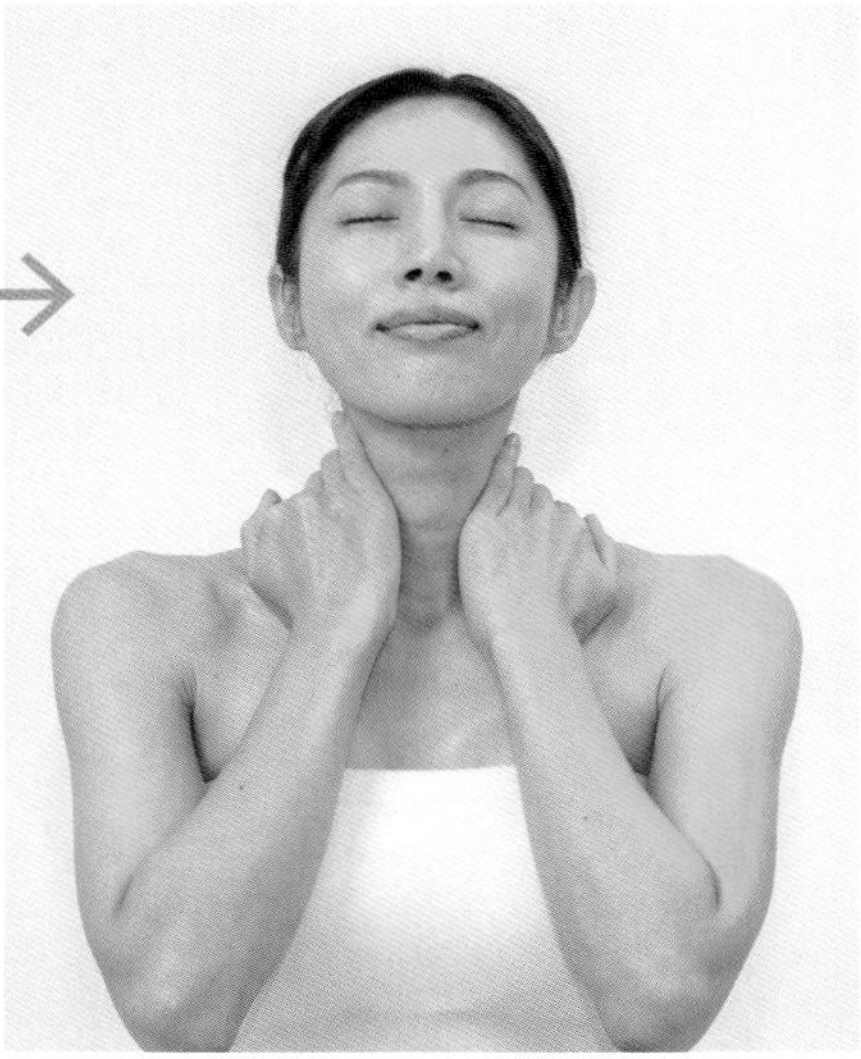

両手で頬全体を包み、耳横まで滑らせて、首筋を両手でしっかり包みながら通り、鎖骨まで流します。3回おこないましょう。

両手のひらを顔全体にぴったり密着させながら滑らせて、鎖骨の出口までしっかり流していきます。

顔全体の老廃物を一掃し、これまでのすべてのマッサージの仕上げとなります。

ワンポイントアドバイス

手が浮かないように、しっかりと密着させるのが一番のポイントです。摩擦にならないよう、ジェルをたっぷり使うようにしましょう。

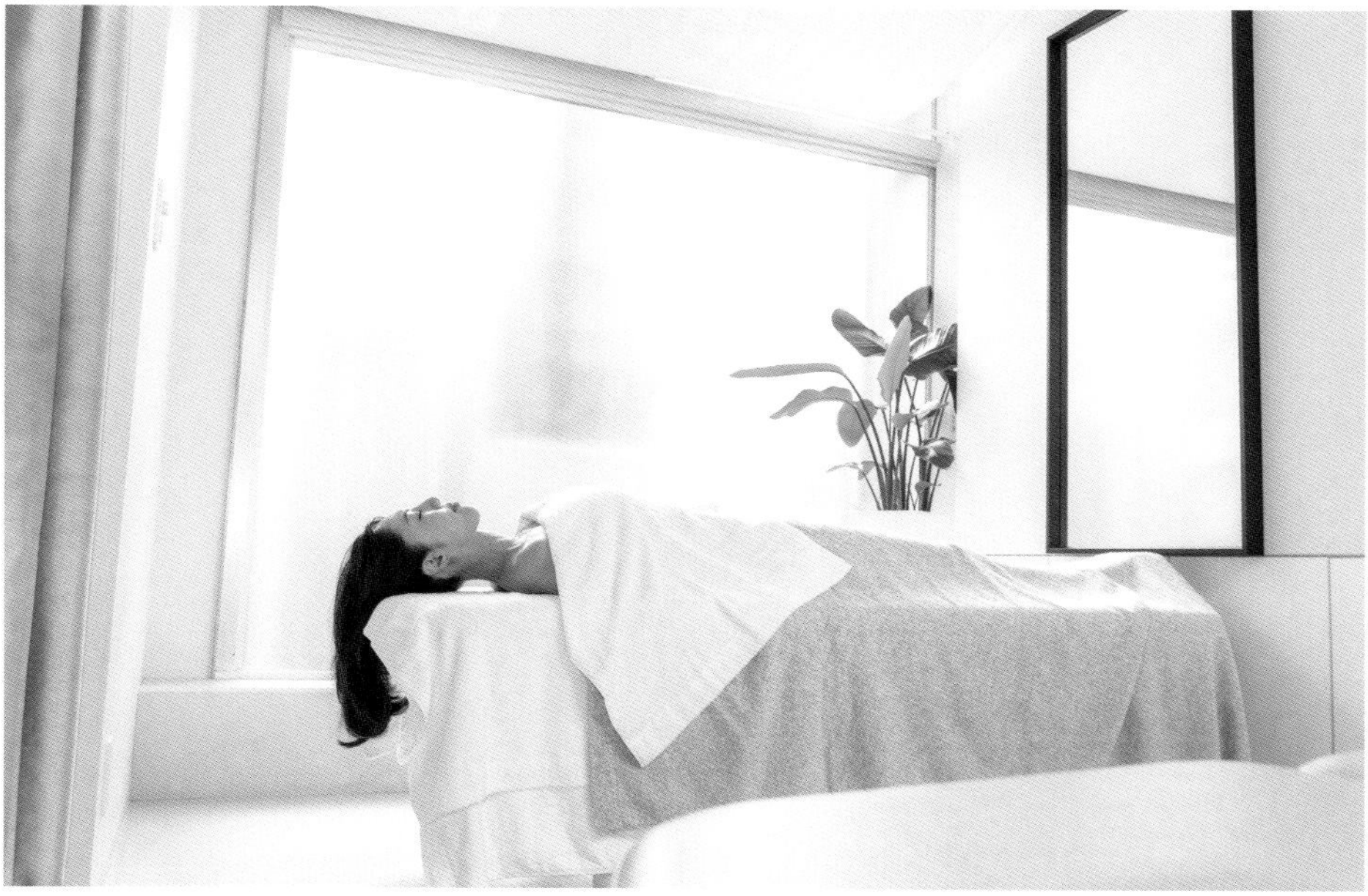

お悩み別 1

エラ張り

年齢とともに顔が大きくなってきた⁉

エラ張り・顔が大きくなる原因は？

加齢とともに、顔が大きくなってきたと感じる人は、この「エラ張り」が起こっていないか確認しましょう。

エラが張る最大の原因は、硬いものの食べすぎや食いしばりによって咬筋がこり固まることが考えられます。咬筋は主に、食事をするときに使われますが、それ以外でも食いしばっている場面があります。例えばデスクワークなどで集中しているときや緊張状態にあるとき、また、スポーツをしてるときなども無意識に奥歯に力が入りやすいです。定期的に咬筋をほぐし、こわばりを緩めましょう。

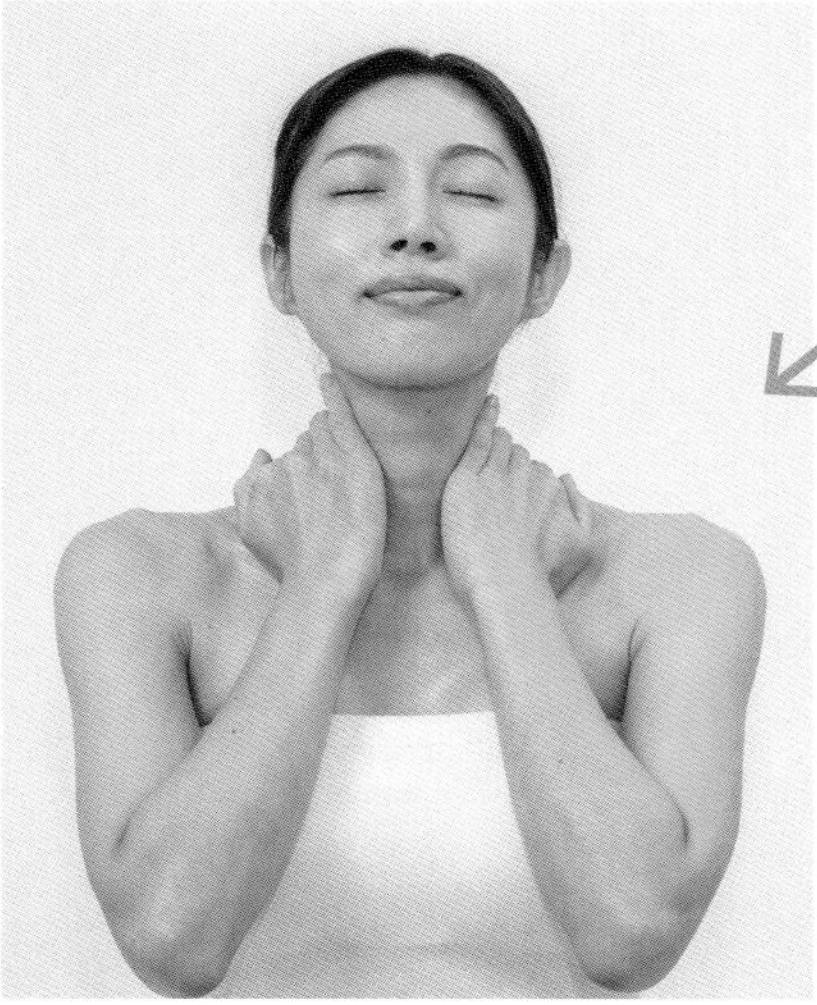

エラ張り解消ケア

① 両手でこぶしを握り、第一関節と第二関節の間の平らな面でエラ部分を後ろに向かって円を描くように3回押し回します。10セットおこないましょう。

② 両手で頬全体を包み耳横まで滑らせて、首筋を両手でしっかり包みながら通り、鎖骨まで流します。10回おこないましょう。

ワンポイントアドバイス

日頃から上下の奥歯が当たらないように口をふわっと閉じることを意識しましょう。

お悩み別

2

二重あご

横から見たときのあご下のたるみが気になる！

二重あごの原因は？

耳の前後にある耳下腺リンパ節、あごの一番奥まったところにある顎下リンパ節、鎖骨部分にある鎖骨リンパ節などが滞ることにより、あご下にむくみが生じ、二重あごの原因につながります。最近ではスマホやパソコンなどによって姿勢が悪くなり、前屈みの姿勢が長いことも二重あごやフェイスラインのもたつきを加速させる原因になります。

また、舌の位置や舌の筋肉の衰えも関係しています。舌全体を上あごにぴったりつけておくことを、日頃から意識しましょう。

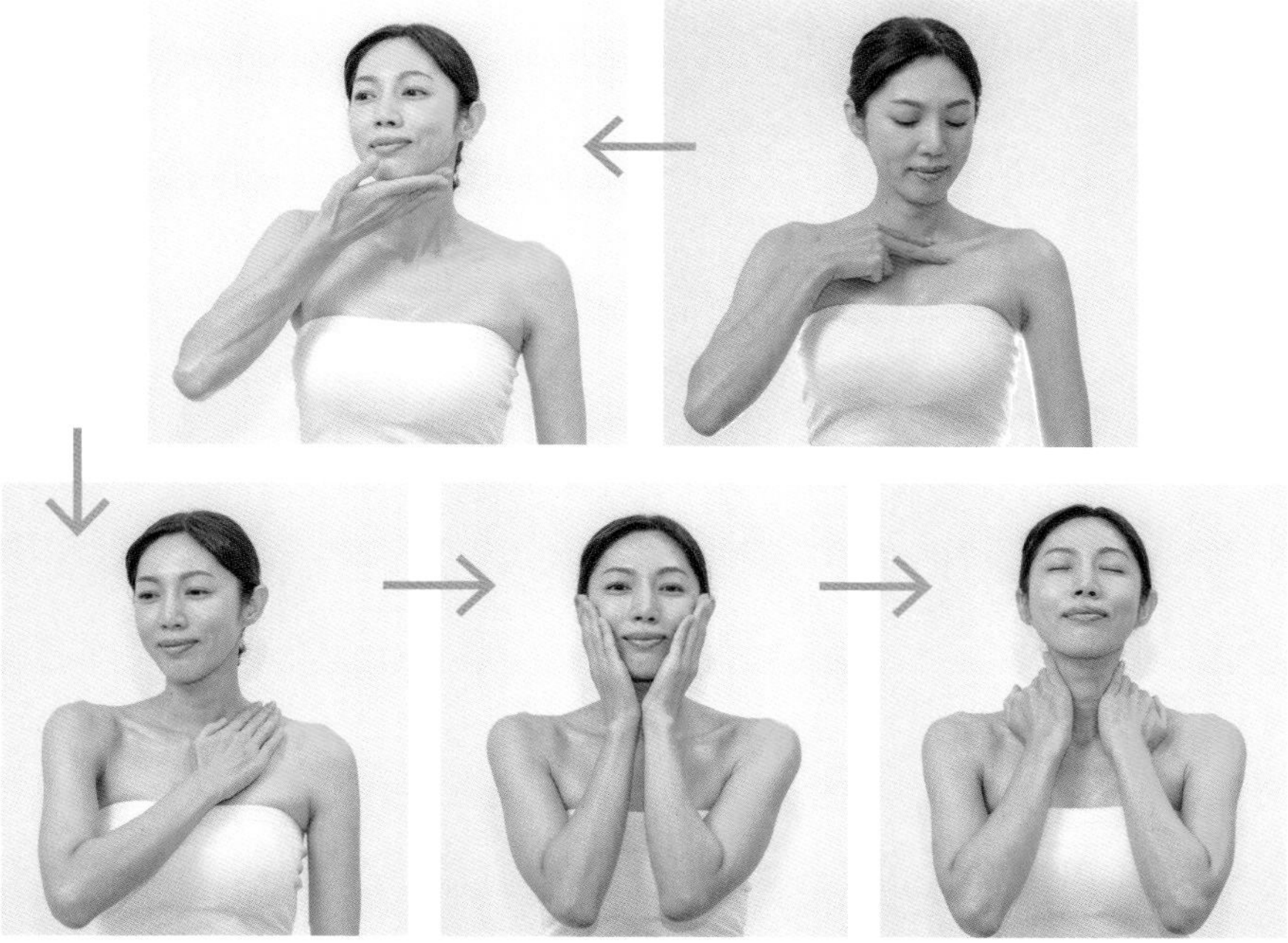

二重あご解消ケア

① 右手の人差し指と中指でチョキをつくり、左の鎖骨を挟みながら、肩方向に向かってゆっくり流します。左右とも5回おこないましょう。

② 右手で左のあご下から耳の下まで滑らせ、首筋を通って鎖骨まで流します。反対側は同様に左手でおこないます。左右とも5回おこないましょう。

③ 両手で頬全体を包み、耳横まで滑らせて首筋を両手でしっかり包みながら通り、鎖骨まで流します。5回おこないましょう。鎖骨を流すときは、鎖骨の端(肩の近く)までしっかり流しきるように意識しましょう。

お悩み別 3

頬のたるみ

年齢とともに口の周りがもたつくようになってきた…

頬のたるみの原因は?

頬のたるみを引き起こす原因はさまざまで、加齢による筋肉の衰え、日頃の生活習慣や姿勢、癖なども深く関わってきます。マスクの着用や歯の食いしばりなどで、頭や顔の筋肉がこり固まり、血流が悪くなると肌の弾力が失われ、頬の下垂につながります。それにより、頬の毛穴が縦長に伸びて広がることで、毛穴が目立ってきてしまいます。他には、目頭から斜め下に向かって伸びるゴルゴライン、小鼻の横から口角に向けて伸びるほうれい線(ブルドッグライン)が出てきてしまいます。そして、さらにたるみが進むことにより、口角から下に伸びるマリオネットラインにつながっていきます。

これらができると、見た目年齢が上がってしまう原因になりますので、顔頭筋ストレッチリフトでエイジングケアしていきましょう。

頬のたるみ解消ケア

① 右手の親指の付け根のふくらんだ部分(手根)を右の頬骨下に置き、えぐるようにずらしながら耳前まで滑らせ、首筋を通って鎖骨まで流します。左右とも5回おこないましょう。

② 両手でこぶしを握り、第一関節と第二関節の間の平らな面を耳上に置き、頭皮を後ろに向かって円を描くように3回押し回します。6セットおこないましょう。

③ 右手の指を頭越しに左の耳上に当て、手の平もぺったりつけておきます。首をストレッチするようなイメージで頭をやや右に傾けたら、指先を引き上げるように滑らせ、目尻がつり上がった状態で3秒キープします。左右とも6セットずつおこないましょう。

お悩み別
4

目の周りのたるみ

目が小さくなってきた！
まぶたが下がってきた!?

目の周りがたるむ原因は？

目の周りは皮膚が非常に薄く、小ジワやたるみ、クマなどができやすいデリケートな部分です。それに加え、加齢とともに眼窩《がんか》の骨吸収が進むと同時に、目の周りを覆っている眼輪筋の筋力が低下します。そして眼輪筋とつながっている前頭筋や帽状腱膜がこり固まると、まぶたや、目尻が重苦しく下がった印象になります。

スマホやパソコンなどで目を酷使することも目元の老化につながりますので気をつけましょう。

目の周りだけでなく、
前頭筋も一緒にケア
することで目ヂカラ
アップ！

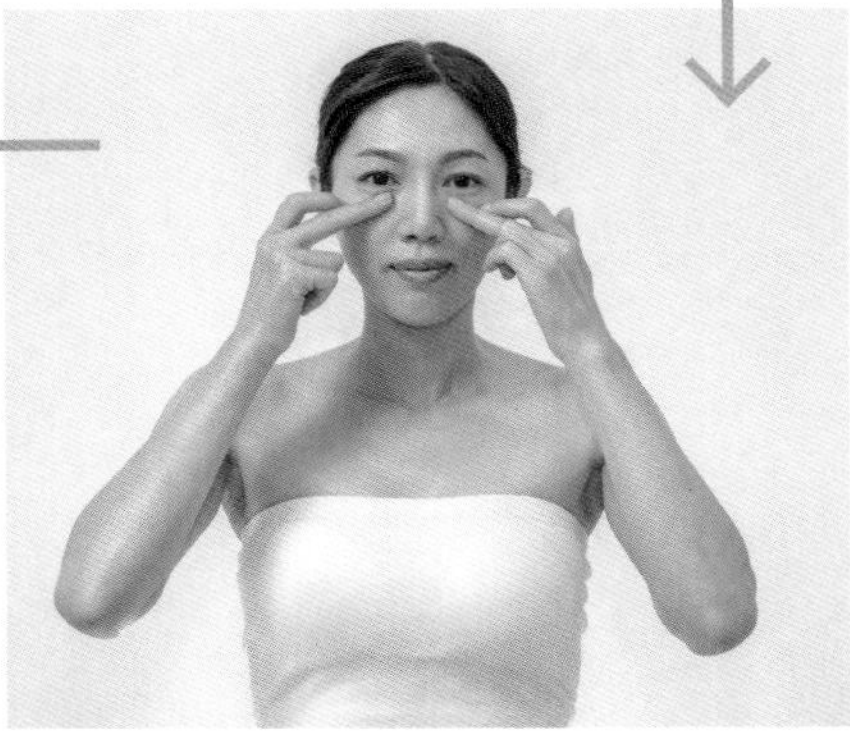

目の周りの老化対策ケア

① 人差し指と中指の指先で眉を挟み、軽く持ち上げるようにして優しく圧をかけ、指先を眉尻にずらしながら、眼輪筋の上部を緩めます。こめかみまできたら、そのまま目の下を通り目頭まで滑らせます。5回おこないましょう。

② 両手でこぶしを握り、第一関節と第二関節の間の平らな面を眉の上に置き、圧をかけながら髪の生え際に向かって、目がつり上がるくらいの強さで引き上げます。5回おこないましょう。

お悩み別 5

口角・ほうれい線

いつの間にかほうれい線が目立つように…

口角が下がり、ほうれい線が深くなる原因は？

口角が下がり、ほうれい線が深くなるのは口輪筋をはじめ、口周辺の筋肉の衰えが主な原因と考えられます。近頃ではマスク生活でほうれい線が目立つようになったという人が増えていますが、無表情の時間が長かったり、人との会話が減ることで、口周辺の筋肉の動きは極端に減り、衰えていきます。日頃から、口角を上げるように意識しましょう。

ワンポイントアドバイス

口を大きく開け「あ・い・う・え・お」と動かしてストレッチすると、口周辺の筋肉がこり固まるのを予防できます。

マスクの中でも口角を上げる意識を！ あいうえお体操で唇もしっかり動かしましょう！

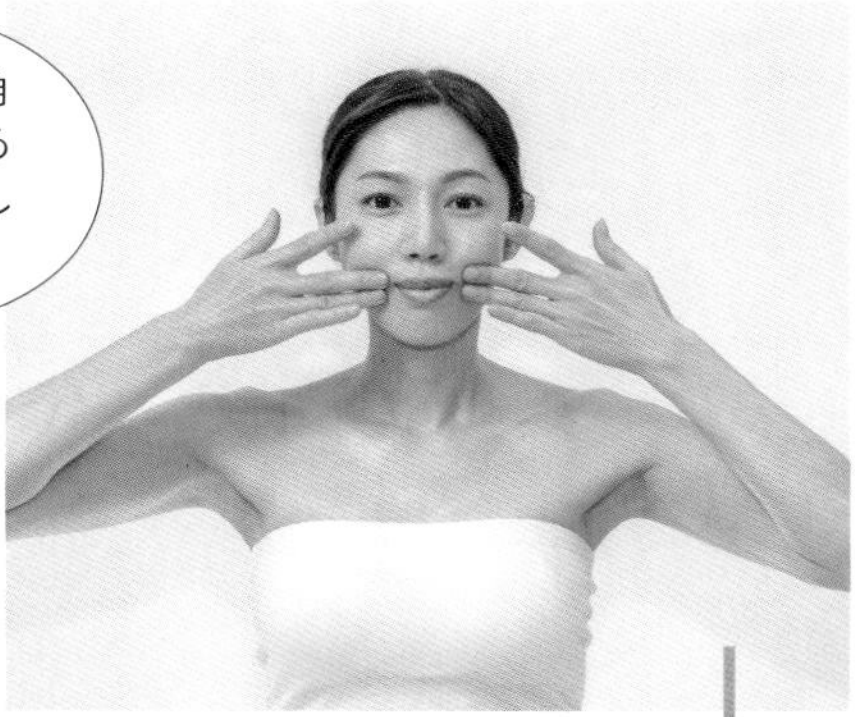

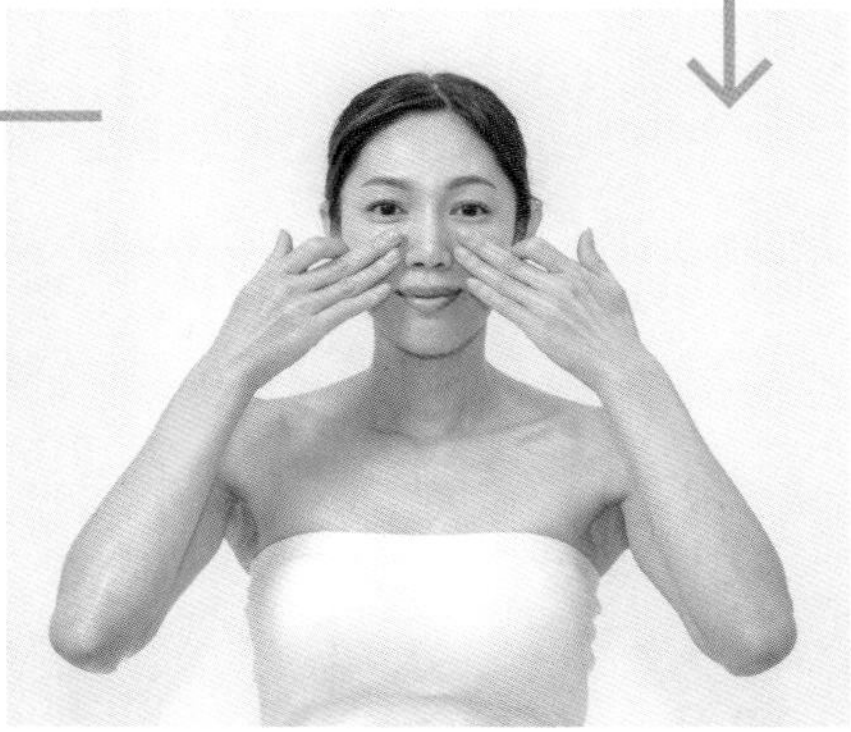

口角、ほうれい線解消ケア

① 中指と薬指を口の下に置き、圧をかけながら指をずらし、口の周りを通って鼻下まで滑らせます。5回おこないましょう。

② 中指と薬指で鼻の横を押しながら左右に揺らすように動かします。3秒を5セットおこないましょう。

③ 両手の指を開き、指の第一関節部分（指の腹）をしっかり頭皮に当てて、耳上から頭頂に向かって頭皮を目尻がつり上がるくらいの強さで滑らせながら引き上げます。5回おこないましょう。

お悩み別
6

首のシワ・首こり

首の年齢は隠せない!?
首こりもつらい!

首にシワが寄ったり たるんでしまう原因は?

首の横ジワの原因のひとつとして「広頸筋《こうけいきん》」の衰えが考えられます。広頸筋はあご下から胸まで広範囲につながっていて、口角を下に引いたときに動く筋肉です。

下を向き続けるスマホの長時間使用は姿勢の悪化を招き、広頸筋の衰えにつながりますので注意が必要です。首のこまめなストレッチや、デコルテ周りのリンパを流すことで、すっきりとした若々しい首をつくりましょう。

ワンポイントアドバイス

上を向いて、下唇を上に向かって突き出した状態で5秒キープします。縮まった広頸筋をストレッチして伸ばしていきましょう。

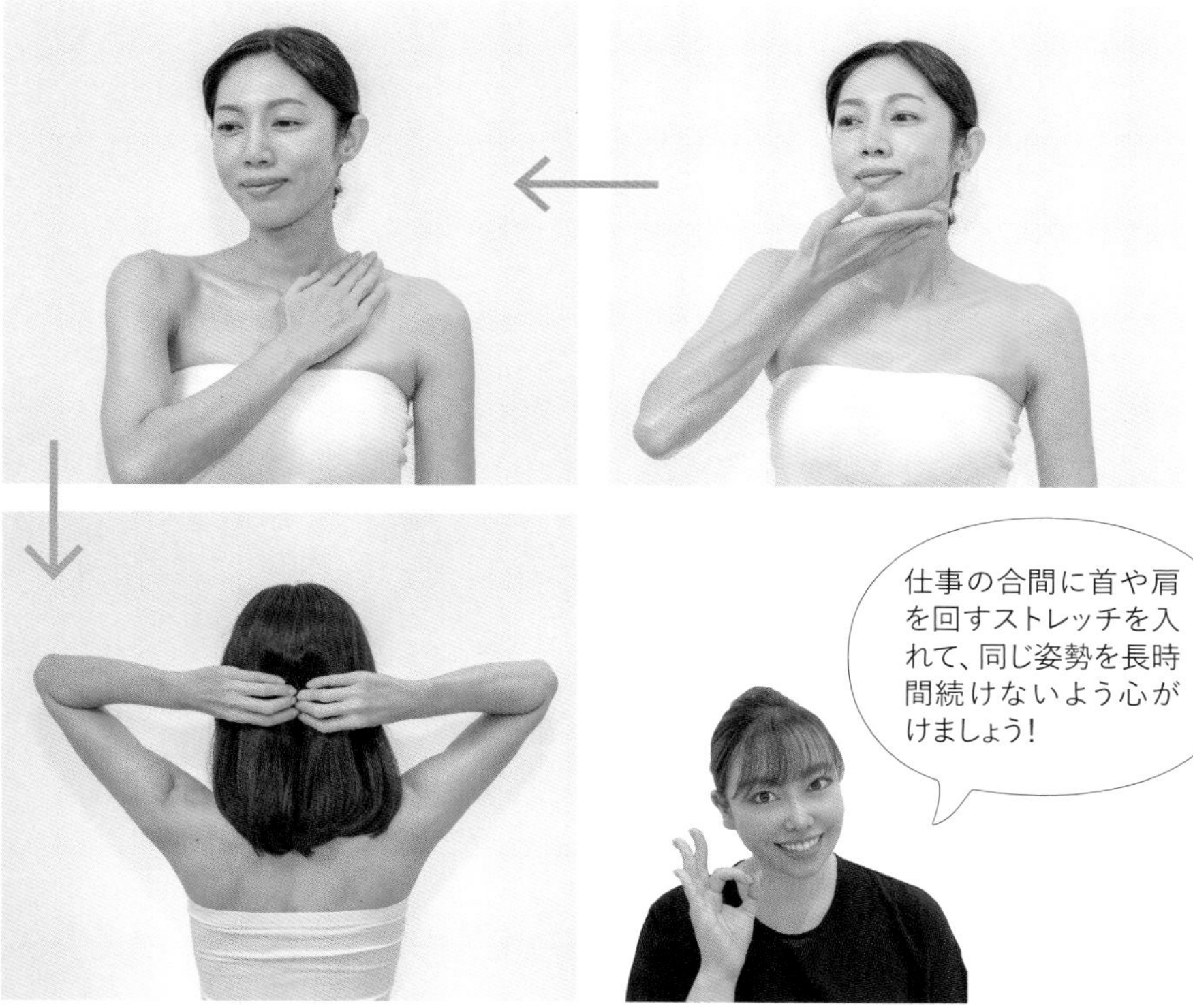
仕事の合間に首や肩を回すストレッチを入れて、同じ姿勢を長時間続けないよう心がけましょう！

首のシワ・たるみ、首こり解消ケア

① 右手をあご下から左耳の下まで滑らせ、首筋を通って鎖骨まで流します。反対側は同様に左手でおこないます。左右5回ずつおこないましょう。

② 後頭部を指で触ると隆起している部分があります。そこに指の腹を当て、左右に揺らしながら、このエリアに広がる後頭筋を緩めていきます。6回を6セットおこないましょう。

2020ミス・ジャパン日本大会でセルフ小顔術が大好評！

各都道府県の選考会を勝ち抜いた代表が、日本一の美女を目指す「2020ミス・ジャパン」。

2020年9月、ファイナリストの女性達が一堂に会したビューティキャンプの認定講師として、顔頭筋ストレッチリフトのセルフバージョンのレクチャーをおこないました。

ファイナリストの皆さんは美への関心がとても高く、講座が進むにつれて、表情が輝きを増しているのがハッキリとわかりました。

講座終了後は、ファイナリストの皆さんの笑顔がより一層素敵になっていたのが印象的でした。

STRETCH LIFT

CHAPTER 3

「顔頭筋ストレッチリフト」で自分史上最高の美を手に入れよう！

「ミス・ジャパン」ビューティーキャンプにて「顔頭筋ストレッチリフト セルフバージョン」をレクチャー！

私はこれまで、ミス・ユニバース・ジャパン日本大会のビューティーキャンプ認定講師を２０１４年から２０１７年の４年間、務めさせて頂きました。

そして、２０２０年には、ベスト・オブ・ミス東京大会とミス・ジャパン日本大会の二大会にてビューティーキャンプ認定講師を務めさせて頂いております。

各大会のファイナリストは、すでに十分美しく輝いていますが、このセルフケアのテクニックを日々実践し、自分史上最高の美しさへと磨きをかけていきます。

トップクラスの美女達が技術の効果を体感

ミス・ジャパンとは、圧倒的な美しさだけでなく高い人間性や内面・自信・知性を兼ね備えた、日本を代表する女性を決める、日本最高峰の美のコンテストです。

彼女達はまず、各都道府県の代表を目指して奮闘し、代表に選ばれるとファイナリストとしてグランプリを目指します。

そして、ファイナリストはその美に磨きをかけるためのビューティーキャンプに参加します。

キャンプにはウォーキングや表現力などさまざまなプログラムが用意されていますが、その中で私は「セルフ小顔術」の認定講師を務めさせて頂きました。

国内トップレベルの美女達が「このセルフケアで顔が小さくなりました」「目力がアップしました」と、嬉しい報告をたくさん頂いています。

私の技術を実践して成果を出して下さる方がいることは何よりも幸せなことですし、この実績は自分の技術に対する自信や確信にもつながっています。

セルフケアなんて意味がない、毎日するのが面倒という人こそ、たった3分のセルフケアを、ぜひトライしてみてほしいと思います。

セルフケアで美の土台をつくり、プロのケアで圧倒的な差をつけてほしい

私自身、ビューティーキャンプの認定講師をやらせて頂くようになり、美への探求がますます貪欲になっています。

何よりも刺激になっていることは、恵まれた容姿を持つ女性達が、さらなる美を目指し誰よりも真剣に日々努力を重ねているということです。彼女達は美容のプロに負けないくらいの知識を持ち合わせ、さらにそれを実践していますが、これはなかなか真似できることではありません。

彼女達と関わることで、セルフケアの重要性を改めて感じています。

例えば、洗顔・保湿といった基本的なスキンケアも、彼女達は一つひとつを丁寧に、そして本気で取り組んでいます。もちろん3分間のセルフマッサージもここに含まれます。

一つひとつの積み重ねが美しい自分を育むために必要なことだと考え、真剣におこなっているのです。

これが美の土台を強固なものにするのだと感じています。その上で、時々プロの手を加えると「美しい」が「圧倒的に美しい」にまで進化できるのだと思います。

ちなみに、プロの施術とセルフケアで大きく異なる点は「客観的視点」です。顔の左右差や表情筋の癖など、プロは瞬時に気づきますが、これは自分では意外と気づかない部分です。また力加減などもだんだん自己流になりがちです。

やはり時々はプロの手を借りて、客観的な美しさを育むことも必要だと感じます。

講師の仕事も私の「手」がつないでくれた

　ところで、この講師の仕事は私のお客様がつなげてくれたものです。2005年のミス・ユニバース・ジャパン ベスト5であり、現在ベスト・オブ・ミス静岡のエリアエグゼクティブディレクターを務める長塚悠加さんが私のサロンに通って下さっており、ビューティーキャンプ認定講師のきっかけをつくって下さいました。

　美の頂点ともいえる場所で自身の技術をお伝えし、それをさらに磨いていける機会を頂けたことに、心から感謝しております。

表情筋の70%は使われていない？頭の筋肉は存在すら無視されている？

意外と知られていない「頭皮のこり」と「顔のこり」

「頭皮のこり」や「顔のこり」については、まだそこまで認知されていないように思います。お客様に「頭皮が固いです」「頭皮がこっています」「頬がこっています」とお伝えしても、ほとんどの人が「え？ そうだったの？ 気づかなかった」と驚くような反応をされるのです。

無表情でいる時間が長く、表情筋をほとんど使っていない人は、運動不足で顔のこりが進みます。

逆に人と話すことが多く、よく顔を動かしている人も、表情筋のこわばりが、徐々に生じてきます。

一般的によくいわれるのが、表情筋は30種類以上あるのに、会話や食事で使われているのはたった30％で、残りの70％はほとんど使われないため衰えていく、ということです。本当に70％も使われていないのか、そこは個人差があると思いますが、例えば最近のマスク生活で「口をあまり開けなくなった」「無表情でいることが多くなった」「在宅ワークで人と話す時間が少なくなった」といった影響が、老化を加速させているのは間違いありません。その証拠に多くの人が以前より、ほうれい線や口元のたるみが目立つようになったと悩まれているのです。

セルフケアも「顔」と「頭」はセットで！

顔頭筋ストレッチリフトを体感して頂くと、顔に触れる時間と頭皮に触れる時間がほとんど同等であることに驚かれます。

これは、多くの人にとって「顔」というのが見えている部分だけを指し、頭を含んでいないからだと思います。もちろん辞書的には「顔」は頭部の前面を指していますが、顔から頭までは1枚の皮や筋膜でつながっており、頭皮も顔の一部だと言っても過言ではありません。

施術の前半で効果の半分以上が表れる

顔頭筋ストレッチリフトの前半部分は頭皮の施術です。この前半部分が終わった段階で一度、ご自身で顔や肌の状態を確認して頂きますが、ほとんどの人がこの時点で「フェイスラインが引き上がった！」「頬が高くなった！」「目が大きくなった！」と驚かれます。顔に触れていなくても、小顔効果やリフトアップ効果が感じられるのです。

後半の顔の施術は、ベッドの背もたれを起こした状態でおこないます。このように座った状態での施術で、リンパをより効率よく流すことができます。また、起き上がっていることで重力がかかり、本来の顔の状態を確認しながら施術できるので、効果を実感しやすいのです。

小顔・たるみ・エイジング対策に「顔頭筋ケア」という新習慣を

「顔のために、頭皮をケアする」という認識は、一般的にまだそれほど高くないように思います。白髪や抜け毛に対しての髪の毛のエイジング対策か、あるいはフケや痒み、ニオイに対しての頭皮そのもののケアが目的であるケースが大多数ではないでしょうか。

最近では「脳疲労」という言葉も少しずつ使われるようになり、このような時代背景を考えても、これからますます「頭皮ケア」が求められる時代になるのは間違いないと感じています。しかし、それをリラクゼーションや癒しだけで終わらせるのはもったいないと思うのです。

頭皮だけでも足りない。顔だけでも足りないから「顔頭筋ケア」

「頭皮ケア」といえば、髪の毛や頭皮のコンディションのためにおこなうものを想像するでしょうし、「表情筋ケア」といえば、顔のみの表情筋マッサージをイメージすると思います。

だからこそ「顔頭筋ケア」という新たな概念を私は提唱したいのです。

小ジワ・たるみ・毛穴の開き・まぶたの下垂・二重あご・顔の左右差・頬のむくみ・エラ張り……。

これらに関するお悩みの原因は、肌表面だけにあるとは限りません。見えていない肌の下にある筋肉や、つながっている頭皮・頭の筋肉にも大きく関わってきます。この事実を、当たり前に理解して頂き、顔と頭を丸ごとケアする「顔頭筋ケア」を新しい習慣として取り入れて頂きたいと願っています。

セルフケアにも最適でセラピストにもお客様にも喜ばれる、結果の出る技術

一般的に「頭皮ケア」といえば美容院でおこなうものをイメージする人が多いと思います。確かに美容院のヘッドスパや強めのシャンプーでもそれなりに頭皮がほぐれますし、頭皮がすっきりすることで、リフレッシュやリラックス効果も得られます。しかし、その目的は、素晴らしい髪の毛を育むためにあることがほとんどではないでしょうか。

フェイシャルサロンで、頭皮ケアまでするというお店は、まだそれほど多くはありません。あったとしても、リラクゼーションを目的とした施術が多いように思います。顔頭筋ストレッチリフトは、頭皮と顔の両方にアプローチし、小顔やリフトアップ、美肌目的で組み立てられているため、私達セラピストにとっても、非常にやりがいのあるメソッドなのです。

「顔頭筋ストレッチリフト」でより多くの女性に感動を届けたい

私はプロのセラピストとして結果にこだわっています。

結果を出すには、顔の一部である頭も丸ごとケアすることは、もはや必須条件だと考えています。お客様が求める結果と癒し、両方を提供する。そのために「顔頭筋ストレッチリフト」を考案しました。

この本を書くこともその一つですが、「顔頭筋ストレッチリフト」を一人でも多くの人に知って頂くために、私は現在、後進の育成にも力を入れています。この技術は職人技のようなところがあり、簡単に習得できるものではありませんが、後輩のセラピストからは、この技術を施術できるようになり「機械に頼らなくてもお客様の望みを叶えるお手伝いがこの手でできる!」と大変喜ばれています。これからもっと仲間を増やし、この技術で一人でも多くの女性が輝くお手伝いをしていきたいと考えています。

STRETCH LIFT

CHAPTER 4

老けない人の小顔習慣

朝晩3分の小顔習慣！「プチ顔頭筋ストレッチリフト」を毎日の習慣に

プチ顔頭筋ストレッチリフトの手順はそれほど難しいものではありません。1週間程度、毎日繰り返し実践して頂くことで、やがて本書を見なくてもスムーズに手が動くようになるはずです。全部で15ある工程をわずか3分でできるようになります。

「プチ顔頭筋ストレッチリフト」をおこなうベストタイミングは朝晩

プチ顔頭筋ストレッチリフトをおこなうのは、朝晩のスキンケアのタイミングがベストです。洗顔や、化粧水と同様に、このプチ顔頭筋ストレッチリフトを毎日の習慣にして頂ければと思います。

●朝の「プチ顔頭筋ストレッチリフト」

朝起きたら顔がパンパン……という人も多いのではないでしょうか。朝のプチ顔頭筋ストレッチリフトで、就寝中に生じたむくみを解消し、歯ぎしりで固くなった咬筋のこわばりを緩めることで、メリハリのある小顔をつくりましょう。血行が良くなると肌のトーンが上がり、化粧のりもぐっと良くなりますよ。朝からすっきりした顔でスタートできると気持ちがいいですね。

●夜の「プチ顔頭筋ストレッチリフト」

お風呂上がりは血行が良くなり代謝も上がっているので、マッサージの効果が出やすいタイミングです。夜のプチ顔頭筋ストレッチリフトで、日中の表情筋の疲れや癖、こわばりをリセットしましょう。また、頭皮の血行を良くすることで美肌に最も必要な安眠もサポートします。

1回3分で効果を積み上げる！「プチ顔頭筋ストレッチリフト」

プチ顔頭筋ストレッチリフトは一度にたくさんではなく、毎日少しずつ継続しておこなうことをおすすめします。

また、1回あたり3〜5分程度にとどめておきましょう。長時間のセルフマッサージは肌に負担をかけてしまいます。たまに長時間おこなうよりも、毎日少しずつ継続しておこなうことで効果を積み上げていきましょう。

「プチ顔頭筋ストレッチリフト」には良質なマッサージジェルがおすすめ！

プチ顔頭筋ストレッチリフトは、マッサージジェルでおこなうことをおすすめしており、当サロンでは無香料、無着色、アルコールフリー、石油系界面活性剤フリー、パラベンフリー、鉱物油フリーの肌に優しいオリジナルマッサージジェルを使用しています。

ご自身の肌に合ったマッサージジェルをお選び頂ければと思います。

その習慣は今すぐ見直そう！意外と知られていない老け顔・たるみ顔をつくるNG習慣とは⁉

プチ顔頭筋ストレッチリフトを毎日続けて頂くことは、老け顔をつくらない大切な習慣ですが、皆さんの生活の中で老け顔やたるみ顔につながる習慣があります。いくつかご紹介しますので、思い当たるものがないか確認してみて下さい。

NG習慣1 髪を結んでいることが多い

ポニーテールやアップスタイルは、目元をきゅっと上げてくれる効果があるため、好んでその髪型にしている人がいらっしゃいますが、その髪型をしている時間は頭皮に負担がかかっています。実際髪をほどくとほっとする人が多いのではないでしょうか。一時的で

あれば問題ありませんが、その髪型を毎日長時間繰り返していると頭皮が固くなり、たるみの原因にもなります。髪型は分け目も含めて時々変えることで頭皮への負担が少なくなります。

一方、最近はルーズなヘアスタイルも人気で、手ぐしに頼ってブラッシングの習慣がない人も多いようです。ブラッシングのような適度な刺激は頭皮の血行促進にもなり、気持ちが良いものです。プチ顔頭筋ストレッチリフトにブラッシング習慣も加えてみると相乗効果が期待できると思います。

NG習慣2
硬い食べ物をよく食べる

小顔のために、あえて硬い食べ物を食べるようにしている人もいます。最近は、ダイエット食品として、ガムやナッツ類を食べている人も多いですね。

よく噛んで食べることは大切だと思いますが、必要以上に硬いものを食べすぎて、咬筋を使いすぎることは避けましょう。

特に、「エラ張り」タイプの人は、噛むときに使う咬筋がガチガチに固まっています。定期的に咬筋をほぐしましょう。

NG習慣3

歯を食いしばっている・口の中で上下の歯が触れている

ストレスを強く感じている人や緊張状態が続く人に多いのが歯の食いしばりです。口の中で上下の歯が触れていたら要注意！ 無意識のうちに咬筋に力が加わっているかもしれません。このタイプの人は口をふわっと閉じることを意識してみて下さい。

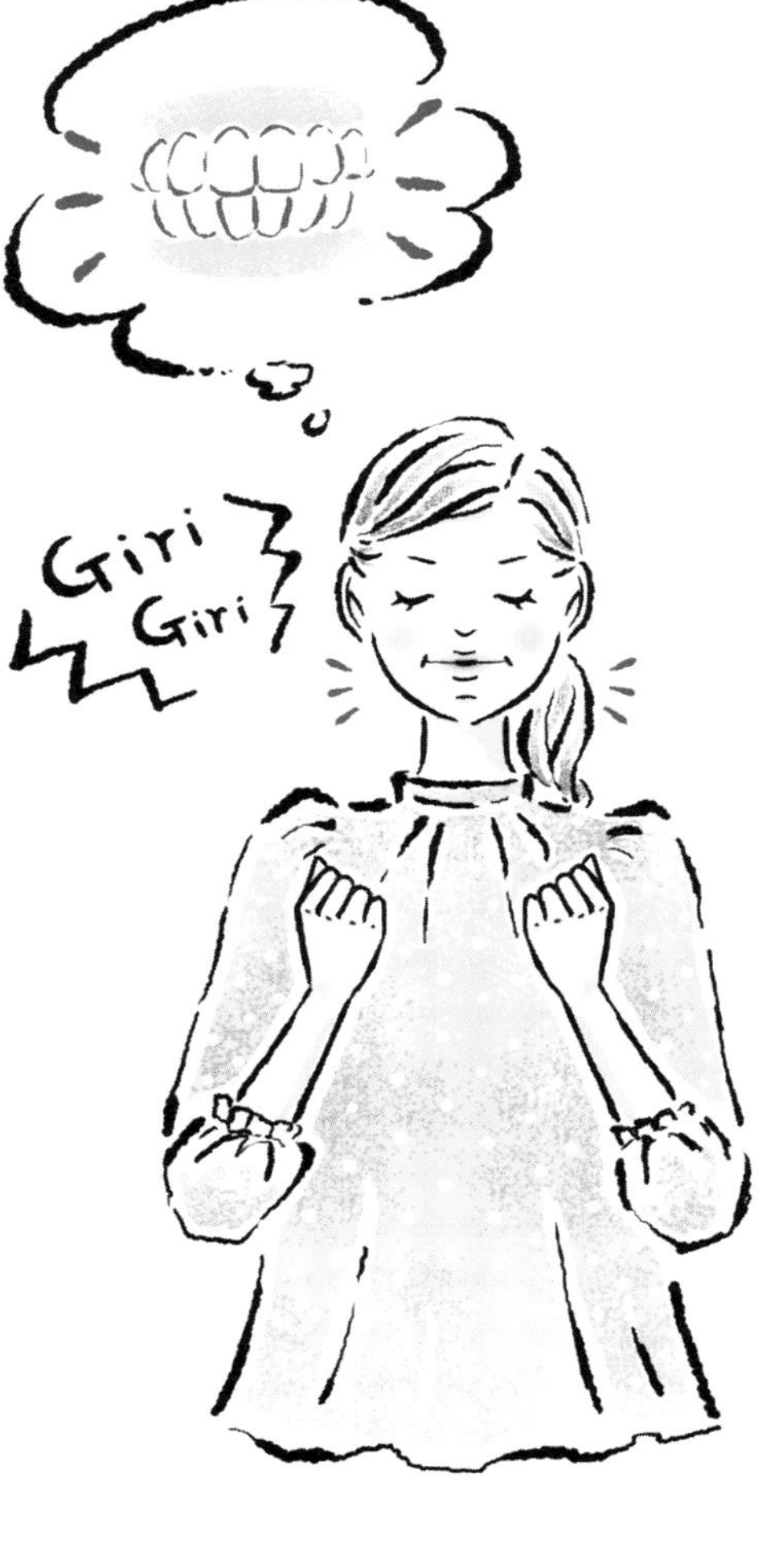

NG習慣 4

舌を正しい位置にセットしていない

案外知られていないのが舌の正しい位置です。口を閉じているとき、舌はいつも上の歯の付け根のすぐ後ろ、前歯にはギリギリ付かない位置で上あごに広く触れているのが理想です。舌先が前歯の裏、あるいは下の歯の裏に触れているのは、舌周りの筋肉が弱っているサインです。顔の筋肉のバランスが崩れ、顔のゆがみ、二重あご、ほうれい線などの原因になりますので気をつけましょう。

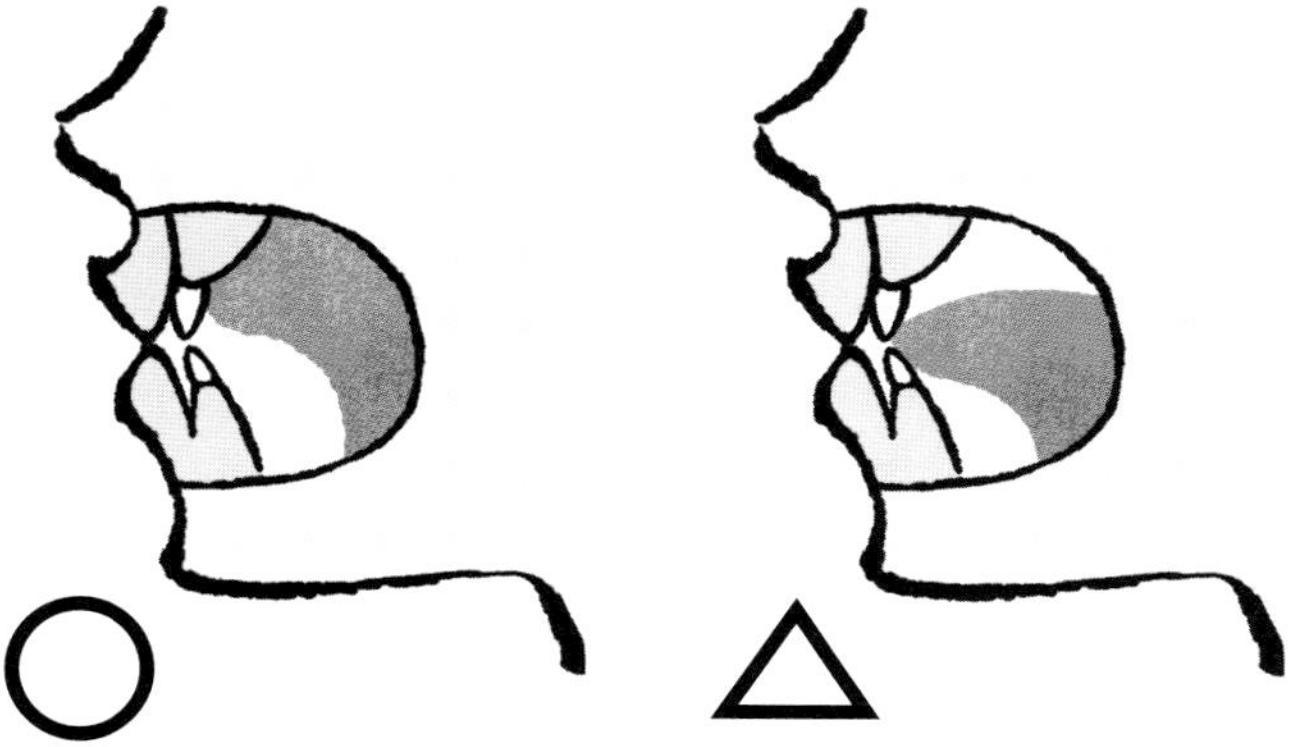

NG習慣5 枕の高さが合っていない

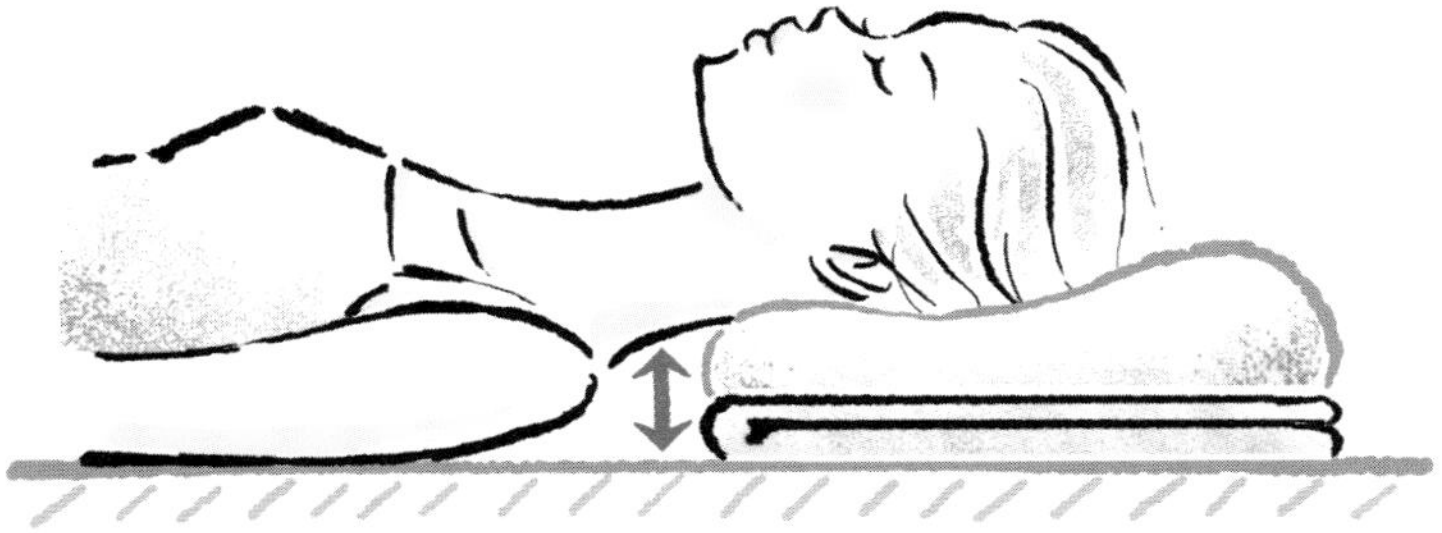

高さが合わない枕を使用することで、二重あごや首のシワ、首こり、肩こりにつながります。枕の理想の高さは、枕なしで仰向けに寝たとき、「布団と首筋の間にできる高さ」と言われています。

横向きに寝るという人は肩の高さを想定し、少し高い枕を選ぶのをおすすめします。合った枕が見つからない場合は、折りたたんだタオルなどを敷いて、高さ調節をしてみると良いでしょう。

NG習慣6

口角を下げる癖・への字口

皆さんは、自分の仕事中の顔やスマホを操作しているときの顔を見たことがあるでしょうか。

口角が下がっていたり、眉間にシワが寄っていたり、難しい顔をしている人もいるのでは？　すると、日常的にそのような顔の癖がついてしまい、不機嫌そうに見られたり、老け顔の原因になります。

口角を少し上げるように意識するだけで、若々しく明るい印象になります。

NG習慣7 ファンデーションを下に向かってこするように塗る

ファンデーションを塗るとき、下に向かって頬を下げるように塗っていませんか？ スポンジでグイグイと皮膚が動くほど強くこすったり、力任せに塗るやり方はNGです。その刺激の積み重ねが肌のたるみの原因につながります。方向は下ではなく横に、優しいタッチでポンポンと塗るか、もしくはスポンジを軽く滑らせながら塗るように心がけましょう。

おわりに　どんな美容機器より、あなたの手を使おう

ここ数年、美容業界においても「頭皮」への意識が高まっていることを感じています。セラピストとして今までにないワンランク上の結果を出すには、頭皮も含めた一体型のケアをしなければならないと長年考えてきた私としては、とても嬉しいことです。

一方、この頭皮ブームに乗じて、さまざまな美顔器や頭皮マッサージャー、高級なブラシなども市場を賑わせ、中には10万円を超える高級品まで飛ぶように売れているようです。

私自身、美容が大好きなので、展示会や勉強会などで情報収集や色々なものを試していますが、それでも毎回思うのは「手にかなうものはない」ということです。「それはプロのセラピストだからでしょう」と言われてしまうかもしれませんが、そんなことはありません。誰にとっても「手」は最高の道具であると私は思います。

柔らかく、弾力のある手は他のなによりも肌へ密着してくれますし、肌の状態を的確に

とらえるセンサーの役割も果たします。指の一本一本がそれぞれ異なる力を持ち、小鼻なら人差し指、目の周りなら中指、と使い分けることもできます。指の節でさえ、使いこなせばピンポイントに筋肉をほぐすことができます。どんなに美容機器が進化し、あるいはＡＩの時代になったとしても、私は「人の手」に代わるものは登場しないと確信していま す。この素晴らしい道具である「手」を、美容にもっと使いこなしてほしいと、私は心から願っています。

そして「手」で人々を美しくし、癒すという素晴らしさを私に教えてくれた、私の師匠であり、永遠の憧れである母にこの場を借りて心より感謝を伝えたいと思います。また本書に携わって頂きましたすべての方々に心よりお礼申し上げます。

番場　三緒

たるまない小顔《こがお》は頭皮《とうひ》からつくる

2021年 8月7日　初版第1刷

著　　者 ―――――――― 番場三緒《ばんばみお》
発 行 者 ―――――――― 松島一樹
発 行 所 ―――――――― 現代書林

〒162-0053　東京都新宿区原町3-61　桂ビル
TEL／代表　03(3205)8384
振替00140-7-42905
http://www.gendaishorin.co.jp/

イラスト ―――――――― chieko
本文使用画像 ―――――― A-R-T,ExpressVectors/shutterstock
撮影協力 ――――――――― 静岡協同エージェンシー、田村写真事務所

印刷・製本　広研印刷㈱
乱丁・落丁本はお取り替えいたします

定価はカバーに
表示してあります。

ISBN978-4-7745-1903-6 C0047